한의학에 근거한

양생법

한의학에 근거한

양생법

| 이태영 지음 |

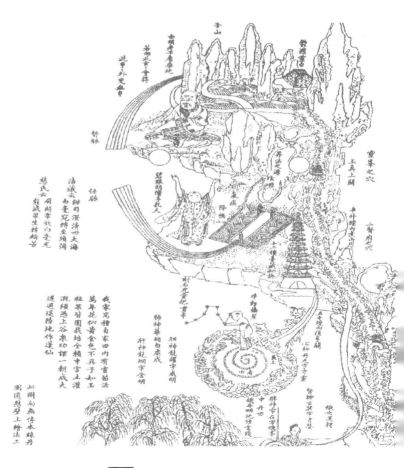

여래

건강관련 서적들 사이에는 모순되는 이론들이 많다. 예를 들면 최근의 서적들에서는 '물을 1.5리터 이상 많이 마셔야 한다.' '생야채를 많이 먹어야 한다.' '마늘을 많이 먹어야 한다.' '섹스를 마음껏 즐겨야 한다.' '땀을 많이 내어야 한다.'고 주장한다. 반면에 전통 한의학에서는 '물을 많이 마셔서는 안 된다.' '생야채를 많이 먹어서는 안 된다.' '마늘을 많이 먹어서는 안 된다.' '섹스를 자제해야 한다.' '땀을 많이 내어서는 안 된다.'고 주장한다.

어느 견해가 맞는가. 나는 한의학의 이론에 손을 들어주고 싶다. 그것은 적어도 이천 년 이상의 경험들이 쌓여 농축된 의학이다. 더욱이 기氣 철학을 바탕으로 성립된 논리 정연한 학문이다. 물론 기를 부정한다면 한의학을 믿기 어려울 것이다. 그러나 기는 이미 실재하는 것으로 밝혀졌다. 그래서 부족하나마 한의학을 바탕으로 하는 건강법을 썼다.

이 책을 엮으면서 허준의 『동의보감』이나 퇴계의 『활인심방』 등은 인용하지 않았다. 대부분의 한국의 양생서적은 중국 고전을 거의 그대로 인용했기 때문이다. 『포박자』나 『양성연명록』 등과 같은 고전들은 직접 읽고 인용했으나, 일부의 문헌은 국내에서 구할 수가 없었다. 그래서 이 책을 엮는 데에는 중국의 양생 사상을 모아놓은 『實用中國養生全書』와 『中華養生大全』, 그리고 국내에서 출판된 『한방양생학』과 『養生學』을 참고하였다. 이 책들을 편찬한 분들께 지면으로나마 감사의 뜻을 전한다.

본서의 「운기체질양생」은 여러 운기이론 중에서 『運氣體質總論』에서 많은 영감을 얻었다. 유태우 선생께 감사의 뜻을 전한다. 그러나 몇 가지는 견해가 다르기에 지도와 편달을 바란다.

위와 같은 훌륭한 양생 서적들이 있는데 굳이 이 책을 내는 까닭은 이렇다. 위 서적들은 1,000쪽 정도 되는 방대한 분량이며, 대부분 전문가만이 알 수 있는 어려운 한의학의 이론이나 용어로 쓰여 있으며, 일반인이 이용할 수 없는 침이나 약 처방 등이 많았기 때문이다. 이러한 까닭에 분량은 적고, 이해는 쉽고, 누구나 실행할 수 있는 양생법만을 모아놓고자 하였다.

2018년 초겨울
한국요가연수원 석산수련장에서
이태영

| 목차 |

머리말 _4

I. 천수를 다하는 양생법

1. 양생법의 특징 _12

1) 생명을 중시한다 _12   2) 예방의학이다 _14

3) 몸과 마음은 하나의 통일체다 _17

4) 자연에 순응한다 _18   5) 조화를 이루어야 한다 _21

2. 정신양생 _24

1) 정신이 육체보다 건강해야 한다 _24

2) 덕을 쌓아야 한다 _27   3) 욕심을 줄여야 한다 _31

4) 감정을 조절해야 한다 _34

5) 뜻을 펼쳐야 한다 _40   6) 마음을 비워야 한다 _43

3. 음식양생 _48

1) 적게 먹고 적게 마셔야 한다 _49

2) 음식은 담백해야 한다 _52

3) 차와 술을 많이 마시지 않아야 한다 _55

4) 삼가야 할 음식이 있다 _60

5) 오미의 조화를 맞춰야 한다 _65

6) 때에 맞춰 먹어야 한다 _69

7) 식생활의 절도를 지켜야 한다 _71

4. 기거양생 _75

1) 사는 마을이 좋아야 한다 _76

2) 집은 단아해야 한다 _80

3) 수면은 적절해야 한다 _83

4) 알맞게 노동과 운동을 해야 한다 _87

5) 과로하지 말아야 한다 _90

6) 바람과 습기를 피해야 한다 _93

7) 몸을 깨끗이 해야 한다 _95

5. 계절양생 _97

1) 하루의 양생 _98   2) 봄의 양생 _101

3) 여름의 양생 _102   4) 늦여름의 양생 _104

5) 가을의 양생 _106   6) 겨울의 양생 _107

6. 결혼양생 _110

1) 임신과 태교를 바르게 해야 한다 _110

2) 방사를 자제해야 한다 _114

3) 교합해서는 안 되는 때가 있다 _118

4) 방중술을 맹신하면 안 된다 _121

II. 수명을 늘리는 양생법

1. 양생법의 기초 이론 _128

1) 우주의 근원으로서의 기 _128

2) 기의 음양 _130   3) 기의 오행 _132

4) 소우주로서의 인간 _133   5) 음양오행과 심신 _135

6) 생명의 삼 요소 _140   7) 기의 생성과 순환 _143

2. 안마양생 _146

1) 고치 _149   2) 인진 _149

3) 손바닥 안마 _151   4) 눈 안마 _152

5) 코 안마 _153   6) 귀 안마 _154

7) 머리와 얼굴 안마 _156   8) 목과 어깨 안마 _157

9) 가슴 안마 _158   10) 배 안마 _159

11) 허리 안마 _160   12) 사타구니 안마 _161

13) 무릎 안마 _162   14) 발바닥 안마 _162

3. 쑥뜸양생 _164

1) 뜸뜨는 방법 _165   2) 족삼리 뜸법 _168

3) 신궐 뜸법 _170   4) 기해 뜸법 _172

5) 관원 뜸법 _173

6) 삼음교와 기타의 양생혈의 뜸법 _175

4. 기공양생 _177

1) 호흡수련의 원리 _178   2) 좌법 _180

3) 토납 _184   4) 태식 _186

5) 주천 _189

5. 운기체질양생 _200

1) 운기체질을 결정하는 객운 _201

2) 체질 판단법 _207

3) 오장의 허실에 따른 체질의 분류 _212

4) 체질에 따른 질병과 양생법 _215

Ⅰ. 천수를 다하는 양생법

Ⅰ. 천수를 다하는 양생법

천수天壽를 다한다는 것은 나에게 주어진 수명을 다 채우고 죽는다는 것이다. 그러면 인간의 수명은 얼마인가. 동서양이 거의 비슷하게 120세라고 한다. 이렇게 많이 주어졌으나, 대부분 여기에 이르지 못하고 죽는다. 이 「Ⅰ. 천수를 다하는 양생법」은 주어진 수명을 다 채우고 죽는 방법에 대한 가르침이다.

그러나 이 천수를 다 누리는 비법을 알았을 때는 이미 나이가 많이 들었거나, 생명을 많이 손상시킨 경우도 있다. 그러나 실망하거나 포기하지 말아야 한다. 지금 이 순간이 내 남은 생애에서 가장 젊은 날이기 때문이다. 그러니 지금부터라도 생명을 보존하는 이 비법을 빨리 실행해야 한다. 그리고 나서 「Ⅱ. 수명을 늘리는 양생법」을 실행하면, 훨씬 건강하게 오래 살 것이다.

1. 양생법의 특징

양생養生은 생명을 기른다든가, 혹은 온전히 간직한다는 의미다. 이러한 양생을 섭생攝生, 위생衛生, 보생保生, 도생道生이라고도 한다. 자기 생명을 소중히 여기지 않는 사람은 없기 때문에, 양생사상은 동서고금의 모든 민족이 갖는 사상이다. 그러나 이것이 체계적으로 발달한 민족은 현실 삶을 중시여기는 황하문명권의 중국이다. 특히 기 철학을 바탕으로 하는 한의학이 양생이론의 근간이 되었다. 이러한 양생법은 서양의학이나 보건위생학 또는 체육학과는 다른 다음과 같은 몇 가지 특징을 갖는다.

1) 생명을 중시한다

양생법은 한의학을 근간으로 하나, 중국의 전통 종교인 도교나 유교 등과 더불어 발전하였다. 특히 불로장생과 신선을 궁극목표로 삼는 도교의 영향이 크다. 도교의 최고 경전은 『도덕경道德經』인데, 여기에 다음과 같은 질문을 던진다.

명예와 몸 중에서 어느 것이 나와 더 절친한가.
몸과 재물 중에서 어느 것이 더 많은가.
명예와 몸과 재물을 얻고 잃음 중에서 어느 것이 더 괴로운가.

물론 여기서의 대답은 자기 몸 즉, 생명이다. 이 도교에서의 인간은 도에서 생성된 존재이기 때문에, 자신의 생명을 온전히 잘 간직하는 것은 지극한 덕이 된다. 그래서 생명 중시사상은 도교의 중심사상이 되었다. 도교적 관점에서는 내가 없다면 천하도 없다. 그래서 『도덕경』에서는 다음과 같이 말한다.

> 어째서 큰 환란을 내 몸처럼 소중히 하여야 하는가. 나에게 큰 환란이 있는 까닭은 나에게 몸이 있기 때문이다. 나에게 몸이 없게 되면 나에게 어떤 환란이 있겠는가. 그러므로 몸을 천하보다 더 소중히 여기는 자에게 천하를 줄 수 있으며, 몸을 천하보다 더 사랑하는 자에게 천하를 맡길 수 있다.

여기서 천하보다 자기 몸을 소중히 여긴다는 것은 지나친 이기주의다. 더욱이 이러한 자에게 천하를 맡기거나 준다는 것은 말도 안 되는 듯하다. 그러나 우주적인 관점에서 본다면, 모든 삼라만상은 각자가 자기 자신을 보존해야 이 세계가 온전히 존재할 수 있는 것이다. 더욱이 자신이 존재하지 않는다면, 천하가 무슨 소용이 있겠는가. 또한 자신이 바로 서지 않았다면, 천하 또한 바로 세울 수 있겠는가. 그러므로 자기의 생명을 가장 소중히 하는 것은 지극히 당연한 도리다. 도의 관점에서 본다면, 이러한 자만이 참으로 도에 가깝다고 할 수 있다.

고대 중국의 천문, 지리, 인사 등의 모든 사상을 총망라한 고대 중국의 대백과사전이 『여씨춘추呂氏春秋』다. 여기에서도 '옛날의 성왕들은 먼저 자신의 완성을 목표로 하고, 그러한 뒤에 천하를 생각하였다. 자신을 빈틈없이 다스리고, 그러한 뒤에 천하를 다스렸다.'고 한다.

이상의 고전들에 나타난 생명 중시 사상은 지나친 듯하다. 그러나 내가 죽었거나 없다면, 내 재산, 명예, 권력, 가족, 사랑, 행복 등은 무슨 의미가 있겠는가. 더 나아가 신에 대한 믿음이나 구원은 물론이고, 진리를 깨닫는다거나 실현한다는 것도 전혀 불가능하다.

따라서 인간으로서 자신의 생명을 소중히 하는 것은 첫째 의무가 되어야 한다. 왜냐하면 이 생명은 유교적 관점으로는 부모가 주신 것이고, 도교적으로는 도로부터 나온 것이고, 불교적으로는 자신이 지은 업에 의한 것이고, 기독교적으로는 하나님이 창조하신 것이다. 그러니 어찌 생명을 소중히 여기지 않을 수 있겠는가. 이것이 양생이다.

2) 예방의학이다

한의학의 최고 고전은 전국시대 말기부터 진한시대에 이루어진 『황제내경黃帝內經』이다. 이 경은 「소문素門」 「영추靈樞」 「난경難經」으로 되어 있다. 그 중에서 대표적인 것이 「소문」인데, 이 경의 서두 부분에 다음과 같은 내용이 있다.

성인은 이미 병든 뒤에 치료하지 않고 병들기 전에 치료하며, 이미 어지러워진 것을 다스리지 않고 어지러워지기 전에 다스린다. 대체로 병이 난 후에 약을 쓰고, 혼란이 일어난 후에 다스리는 것은 목이 마른 후에 우물을 파고, 싸움이 난 후에 무기를 만드는 것과 같으니, 너무 늦은 것이 아니겠는가.

훌륭한 의사는 병이 난 후에 치료하는 것이 아니라, 아직 발병하기 전에 치료한다는 것은 많은 의서에 전해지는 명언이다. 그러나 양생은 병이 나기 전의 조기 발견이나 조기 치료와 같은 의술이 아니다. 양생은 질병이나 노화로부터 미리 벗어나고자 하는 근원적인 예방 대책이다.

인간은 태어나고, 성장하고, 늙고, 병들고, 죽는다. 일반적으로 이러한 삶의 과정은 어찌 할 수 없는 것이기에 그대로 받아들일 수밖에 없다. 그러나 양생은 이러한 과정을 능동적으로 받아들이고 대처하는 방법이다. 물론 태어나는 것은 내 의지와 상관없기 때문에 어쩔 수 없는 일이다. 어떻게 태어났든 양생은 바르게 성장하고, 늙음을 저지시키고, 병들지 않게 하고, 오래 사는 방법이다. 그래서 양생은 병들거나 늙어서 하는 것이 아니다. 살아있는 바로 이 순간부터 하는 것이다. 따라서 양생은 아무리 빨리해도 빠른 것이 아니다.

그래서 양생사상에서 삶은 운명적으로 정해진 것이 아니라, 적극적으로 개척할 대상으로 본다. 남조南朝시대의 도홍경陶弘景이 쓴 『양성연명록養性延命錄』은 양생에 관한 전문 서적이다. 여기에서 다음과 같이 말한다.

사람의 수명이 길고 짧음은 저절로 그렇게 된 것이 아니다. 모든 원인은 몸을 삼가지 않고, 음식을 지나치게 많게 또는 부족하게 먹고, 지나치게 음란하고, 음양을 거스르고, 정신을 안으로 지키지 못하기 때문이다. 그러하기 때문에 정精이 고갈되어 쇠약해지고 온갖 병이 발생하여 천수를 누리지 못한다.

공자의 언행과 어록을 모은 『공자가어孔子家語』에서도 다음과 같이 말한다.

사람은 세 가지에 의해서 죽는데, 그것은 운명이 아니라 자신이 만든 것이다. 자는 것과 생활하는 것을 때에 맞게 하지 못하고, 먹고 마시는 것을 절제하지 못하고, 쉬거나 일하는 것을 도가 넘도록 과도하게 하는 자는 병이 몰려와 그 사람을 죽게 한다.

원대의 의사며 유학자인 이붕비李鵬飛는 『삼원연수참찬서三元延壽參贊書』에서 다음과 같이 말한다.

훌륭한 스승을 만나 가르침을 받고 믿음을 갖고 힘써 노력한다면, 120세까지 살 수 있을 뿐만이 아니라, 아주 늙었어도 젊어질 수 있다. 마치 나무가 늙었어도 어린 나무를 접붙이면 싱싱하게 자라는 것과 같다. 사람이 늙어도 진기를 잘 써서 환정보뇌還精補腦하면 노인이 젊은이로 돌아갈 수 있다.

위에서 인용한 세 문헌에 따르면, 인간의 수명은 정해진 것이 아니다. 자신의 노력으로 생명을 오랫동안 잘 보존할 수 있을 뿐만이 아니라, 늘릴 수도 있다는 것이다. 물론 병들거나 죽음이

닥쳐오기 전에 노력해야 한다. 이것이 예방의학이고 양생이다.

3) 몸과 마음은 하나의 통일체다

일반적으로 건강이라 하면, 대부분 몸의 건강을 생각한다. 그래서 무엇을 먹고, 어떠한 운동을 한다는 식의 건강법을 생각한다. 그러나 이러한 육체적 건강만을 위한 행위만으로는 장수할 수 없다. 다음에 인용하는 『도덕경』에서처럼, 그러한 건강법은 오히려 생명을 해칠 수도 있다.

장수하는 사람이 열 중 셋이며, 단명한 사람이 열 중 셋이다. 인간의 생명을 사지로 몰고 가는 사람이 또한 열 중 셋이다. 도대체 왜 그런가. 그의 생명만을 지나치게 중히 여기며 살기 때문이다.

백성들이 쉽게 죽는 것은 생명만 넉넉하게 구하기 때문이다. 이때문에 쉽게 죽는다. 대체로 생명만을 위하지 않는 자가 생명을 귀하게 여기는 자보다 현명하다.

여기서의 생명은 육체적인 생명을 의미한다. 이렇게 육체의 건강만을 위할 때 일찍 죽는 까닭은 무엇인가. 한의학의 관점에서는 육체와 정신은 분리된 것이 아니라, 하나의 통일체이기 때문이다. 이를 신형합일神形合一이라 한다. 여기서 신은 정신이고 형은 육체를 말한다. 따라서 육체의 건강만을 위해서는 장수할 수 없다.

명대의 유명한 의사인 장경악張景岳은 그의 저서 『유경類經』에서 '육체는 정신의 바탕이고, 정신은 육체의 쓰임이다. 육체가 없으면 정신이 발생할 수 없고, 정신이 없으면 육체가 다스려질 수 없다.'고 한다. 즉, 육체와 정신은 분리할 수 없는 하나의 유기체라는 것이다. 그러면서 '정신이 내부에서 지키고 육체가 외부에서 완전하면, 심신이 모두 도道에 부합된다.'고 한다. 이는 정신과 육체가 함께 건강해야 바른 양생법이라는 것이다.

한의학에서 육체와 정신은 분리할 수 없는 유기적인 하나의 통일체로 본다. 예를 들면 간은 분노, 심장은 기쁨, 비장은 생각, 폐는 슬픔, 신장은 두려운 감정을 표출한다. 물론 이와 반대로 분노는 간에, 기쁨은 심장에, 생각은 비장에, 슬픔은 폐에, 두려움은 신장에 영향을 준다. 이는 곧 육체의 일부인 각각의 오장은 그것의 상태에 따라 그에 대응하는 각각의 정신을 드러내며, 정신의 일부인 각각의 감정은 그에 대응하는 각각의 오장에 영향을 준다는 것이다.

따라서 양생은 정신과 육체를 하나의 통일체로 간주하고, 이 둘 모두를 잘 간직하고 함양하는 일이다. 「소문」에서도 '육체와 정신이 모두 갖추어져야만 하늘이 내려준 수명을 다 누려 백세를 지나서야 돌아간다.'고 하였다.

4) 자연에 순응한다

인간은 만물의 영장이라고 하나, 이 거대한 우주에 비하면 극히 작고 미약한 존재다. 더욱이 인간은 이 우주로부터 생겨났고,

이 우주의 구성물로 되어 있고, 우주의 규율에 따라 작동되고, 이 우주를 벗어날 수도 없는 존재다. 따라서 인간이 이 우주 속에서 잘 살려면, 이 우주의 법칙을 거스르지 않고 잘 따라야 한다. 그러면 이 우주의 법칙은 무엇인가. 한의학에서는 이를 음양오행이라 한다. 양생 또한 이 법칙을 따르는 것이다. 「소문」의 첫머리에 다음과 같은 문답이 있다.

> 황제가 묻기를, '상고시대의 사람들은 나이가 백 살을 넘어도 노쇠 현상이 나타나지 않는데, 요즈음 사람들은 오십에 노쇠 현상이 나타난다. 그 이유가 무엇인가.'
> 기백이 대답하기를, '상고시대의 사람 중에 도를 아는 자는 음양의 변화에 따르는 양생의 방법을 알았습니다. 그래서 음식물 섭취에 절도가 있었으며, 기거가 법도에 맞으며, 함부로 과로하지 않았습니다. 이러했기 때문에 심신이 건강하여 천수를 다 누리고 백세가 넘도록 살았습니다.'

여기서 '음양의 변화'란 해와 달의 운동에 따른 계절, 낮과 밤, 기후 등의 변화를 말한다. 이러한 변화는 인체에 지대한 영향을 미치기 때문에, 이 변화 법칙에 따라야 한다는 것이다. 즉, 마음가짐, 음식 섭취, 수면 시간, 부부관계 등과 같은 생활양식이 그 변화의 법칙에 맞아야 한다는 것이다. 이렇게 자연에 순응할 때 생명을 온전히 간직할 수 있다는 것이다. 이러한 양생을 상징적으로 잘 나타낸 것이 도가의 경전인 『장자莊子』에 나오는 다음과 같은 내용이다.

한 백정이 문혜왕文惠王을 위하여 소를 잡았다. 그가 손으로 잡거나 어깨를 기울이거나 발로 누르거나 무릎을 구부리는 동작에 따라서 사각사각 소리가 나며, 칼이 지나갈 때마다 사각사각 소리가 나는데, 모두가 음률에 맞았다. 그의 동작은 은나라 탕왕이 만든 상림桑林이라는 춤에 부합되며, 그 소리는 요임금이 지은 경수經首라는 음악에 꼭 맞았다.

문혜왕이 감탄하여 말했다. '아아. 훌륭하다. 기술이 어떻게 그런 경지에 이를 수 있느냐.'

백정이 칼을 놓고 대답하였다. '제가 좋아하는 것은 도道입니다. 그것은 기술보다 앞서는 것입니다. …… 자연의 이치에 따라 틈새와 빈곳에 칼을 댑니다. 소가 본래 이루어진 이치에 따르므로, 힘줄이나 근육에 칼을 댄 적이 없습니다. 하물며 큰 뼈에 대겠습니까. 훌륭한 백정이 일 년마다 칼을 바꾸는 것은 살을 가르기 때문이며, 보통의 백정들이 달마다 칼을 바꾸는 것은 뼈를 자르기 때문입니다. 지금 제 칼은 19년이 되었으며, 그동안 잡은 소는 수천 마리가 됩니다. 그러나 칼날은 방금 숫돌에 갈아낸 듯합니다.'

문혜왕이 말했다. '훌륭하다. 나는 백정의 말을 듣고서 삶을 기르는 양생의 도를 터득하였다.'

칼 하나를 19년 동안 사용했다는 것은 지나친 과장인 듯하다. 그러나 순리에 따른다는 것, 또는 자연의 법칙에 따른다는 것은 오래간다는 것이다. 인간의 심신도 자연의 이치에 순응할 때 그 주어진 천수를 다할 수 있을 것이다. 이것이 양생의 법칙이다.

5) 조화를 이루어야 한다

최초의 양생서는 죽림칠현의 대표적인 한 사람인 혜강嵆康이 지은 『양생론養生論』이다. 그는 여기서 양생의 어려움에 대해서 이렇게 말한다.

> 양생에는 다섯 가지의 어려움이 있다. 명예와 이익을 버리지 못하는 것이 첫 번째 어려움이고, 기쁨과 성냄 등의 감정을 조절하지 못하는 것이 두 번째 어려움이고, 향락과 성욕을 버리지 못하는 것이 세 번째 어려움이고, 맛있는 음식에 대한 탐욕을 끊지 못하는 것이 네 번째 어려움이고, 생각이 많고 정기가 흩어지는 것이 다섯 번째 어려움이다.

이처럼 양생은 욕심을 줄이고, 감정을 조절하고, 쾌락을 줄이고, 음식을 절제하고, 생각을 줄여야 한다. 즉, 어느 하나만을 잘 해서는 안 되고 모든 것이 종합적으로 잘 어우러져야 한다는 것이다. 왜냐하면 부족한 어느 하나에 의해서 생명을 잃을 수 있기 때문이다. 혜강은 이러한 점을 너무나 잘 알고 있었다. 그러나 불행하게도 혜강은 남에게 오만하게 굴다가 사형을 당했다. 아이러니하게도 『홍길동전』을 지은 조선시대의 허균도 양생서인 『한정록閑情錄』을 지었으나, 역적모의를 하였다는 죄명으로 능지처참을 당했다. 이 둘은 모두 훌륭한 양생가이나 처신을 잘못하여 사십대에 일찍 죽고 말았다. 그래서 양생은 조화를 이루어야 한다.

도가의 경전 『장자』에는 다음과 같은 우화가 나온다.

> 주나라 위공威公이 전개지田開之를 만나서 물었다. '축신祝腎은 양생
> 의 도를 배웠다고 들었습니다. 당신은 축신과 가까운데, 들은 말은
> 없으십니까.'
> 전개지가 말했다. '저는 그저 비를 들고 안마당이나 쓸었을 뿐이라,
> 아무것도 선생님에게서 듣지 못했습니다.'
> 위공이 말했다. '전개지 선생, 사양하지 마십시오. 과인은 듣고 싶
> 습니다.'
> 전개지가 말했다. '선생님에게서 양생을 잘하는 것은 양을 치는 것
> 과 같아서 뒤떨어진 놈을 보면, 채찍질을 하라는 말씀은 들었습니
> 다.'
> 위공이 말했다. '그것은 무슨 뜻입니까.'
> 전개지가 말했다. '노나라에 선표單豹라는 사람이 있었는데, 바위
> 굴에서 물만 마시고 살았으며, 사람들과 영리를 다투는 일이 없었
> 습니다. 칠십 살이 되었는데도 혈색이 어린아이와 같았습니다. 그
> 런데 불행하게도 굶주린 호랑이를 만나서 잡혀 먹혔습니다. 또 장
> 의張毅라는 사람이 있었는데, 그는 부잣집이나 가난한 집을 가리지
> 않고 두루 사귀었습니다. 그런데 나이 사십에 속에 열병이 나서 죽
> 었습니다. 그러니 선표는 안은 잘 길렀으나 밖은 호랑이가 먹었으
> 며, 장의는 밖은 잘 길렀으나, 안은 병이 침범하였습니다. 이 두 사
> 람은 모두 그 뒤떨어진 것을 채찍질하지 않은 것입니다.'

이 우화는 과불급過不及이 없는 중용中庸과 조화로 양생하라는

것이다. 누구나 자기 생명을 보존하기 위하여 노력한다. 그러나 생명은 어느 하나의 부족으로 모두를 잃게 된다. 예를 들면 음식을 아무리 바르게 먹어도 잠을 제 때에 자지 않아서는 건강할 수 없고, 이 둘을 아무리 잘해도 욕심이나 분노가 많으면 건강할 수 없다. 그래서 양생은 뒤떨어진 양을 몰아가듯이, 자신이 부족한 부분을 잘 보충해야 힌다. 이러한 짐에서 바른 양생은 양생의 보편적인 모든 분야를 알고, 자신에게 특히 부족한 부분을 더욱 바르게 잘 실천해야 하는 것이다.

2. 정신양생

　정신精神이란 인간 생명을 지배하는 지성, 감성, 의지는 물론이고 잠재의식이나 도덕관념까지 포함하는 총체적 의식을 말한다. 이러한 정신을 옛사람들은 단순히 신神이라 하였다. 이 신은 육체를 의미하는 형形의 상대적 의미로 정신을 말한다. 그래서 정신양생을 양신養神 또는 섭신攝神이라 한다. 때로는 조심調心 또는 양성養性이라고도 하였다.

1) 정신이 육체보다 건강해야 한다

　인간을 보면 먼저 눈에 보이는 육체가 있고 다음에 보이지 않는 정신이 있는 듯하다. 분명히 육체가 있어야 정신이 있는 것은 맞다. 그러나 정신이 없는 육체 또한 없다. 육체는 정신에 의지하고 정신은 육체에 의지하고 있기 때문이다. 앞에서 본 바처럼, 이 둘은 하나의 통일체로서 분리할 수 없는 하나로 존재하는 것이다. 마치 동전의 양면처럼, 인간 생명의 반은 육체고 반은 정신이다. 그러나 굳이 이 둘의 선후관계나 주종관계를 따진다면, 정신이 먼저이고 주인이 되어야 한다. 왜냐하면 '나'라고 자각하는 주체가 정신이고, 이 육체를 이끄는 것이 정신이기 때문이다.
　한의학의 관점에서 인간 생명의 군주와 같은 기관은 심장인데, 이 심장이 정신을 주관한다. 그래서 「소문」에서는 '군주인 심장의 작용이 밝지 못하면, 12기관인 오장육부도 위태로워지며, 심장을 보좌하여 생명을 유지하는 작용도 길이 막혀 통하지 않게 되므로 육체가 크게 손상된다.'고 하였다. 명대의 문인이면서 양생가인 고렴高濂이 지은 『준생팔전遵生八箋』에서는 '심기心氣가 평온하면 원기元氣를 공고히 할 수 있다. 그래시 민병이 빌생하지 않고 백세까지 살 수 있다.'고 하였다.

따라서 바른 양생은 육체보다 정신을 먼저 건강하게 한다. 『여씨춘추』에서는 '정신이 육체보다 편안하면 장수할 수 있다.'고 하였다. 송나라 태종의 어명으로 편찬한 『태평어람太平御覽』에서는 '가장 중요한 것은 정신양생이고, 그 다음이 육체양생이다. 정신이 맑고 뜻이 평온하면, 모든 관절이 편안해지므로 양생의 근본이다.'라고 하였다. 『축덕론畜德論』에서도 '대체로 몸에 질병이 발생하지 않게 하려면, 먼저 그 마음을 바르게 해야 한다.'고 하였다. 팔백 살을 살았다는 팽조를 가탁하여 지은 『팽조섭생양성론彭祖攝生養性論』에서도 '정신이 강한 자가 장수한다. 따라서 오래 살려거든 반드시 정신양생을 해야 한다.'고 하였다. 「소문」에서도 '정신이 맑고 안정되면 근육이나 살갗이 닫히어 사기의 침입을 막을 수 있기 때문에, 비록 큰바람이나 지독한 독이라도 해롭게 하지 못한다.'고 하였다. 「영추」에서도 '정신이 손상되면 육체 또한 손상되고, 정신을 잃으면 육체 또한 잃게 된다. 그러므로 정신을 잃은 환자는 죽고 정신을 얻은 환자는 산다.'고 하였다.

이처럼 양생의 선후에서는 정신을 우선으로 한다. 양생뿐만이 아니라 질병의 치료에서도 정신을 우선으로 한다. 『인생필독서사

生必讀書』에서는 '마음에 병이 없으면, 심각한 증세는 경감되고 가벼운 증세는 점차 완쾌된다.'고 하였다. 『청서비찬靑書祕纂』에서는 '훌륭한 의사는 먼저 그 정신을 치료하고, 그 후에 육체를 치료하고, 그 다음에 병들지 않은 것을 치료한다.'고 하였다. 이러한 정신양생에 대해 손사막은 『천금요방』에서 다음과 같이 말한다.

대체로 사람에게 병이 많은 까닭은 당연히 정신양생을 잘하지 못했기 때문이다. 평소에 말을 함부로 하고, 정욕대로 행동하고, 자기 욕심은 곧바로 채우려 하고, 도덕에 구애받지 않고, 밤낮으로 속이고, 저지르지 않는 짓이 없다. 그러면서 스스로는 옳다고 한다. 그러나 그러한 과오 하나하나가 모두 병의 뿌리가 된다는 것을 모른다.

또한 정신양생을 강조한 도홍경은 그의 저서 『양성연명록』에서 다음과 같이 말한다.

눈으로 바르지 않은 것을 보지 말며, 귀로는 나쁜 말을 듣지 말며, 코로는 더러운 냄새를 맡지 말며, 입으로는 지나치게 자극적인 것을 먹지 말며, 마음으로는 남을 속이려고 하지 말아야 한다. 이것들은 모두 정신을 더럽히고 수명을 감소시키는 일들이다.

그런데 정신양생은 단순히 인간의 지성이나 감정 또는 의지에 관계된 것만이 아니라, 윤리적인 실천과도 밀접한 관계가 있다. 청대의 정관응鄭官應이 편찬한 『중외위생요지中外衛生要旨』에는 '기가 온화한 자가 장수하며, 성품이 자비롭고 어진 자가 장수하며, 도량이 넓고 인자한 자가 장수하며, 모양이 중후한 자가 장수하며, 말이 간결하고 묵직한 자가 장수한다.'고 하였다. 여기서 기가 온화함, 성품이 자비롭고 어짐, 도량이 넓고 인자함 등은 모두 도덕적인 수양이 된 성품을 의미한다. 따라서 양생은 육체보다 정신양생이 우선이어야 함은 물론이고, 정신양생에는 윤리적인 실천 또는 도덕적 수양도 함께 해야 한다.

2) 덕을 쌓아야 한다

정신양생이 육체양생보다 우선이라고 하였다. 그러면 정신양생 중에서도 최우선은 무엇인가. 그것은 덕을 쌓는 것이다. 이를 양덕養德이라 한다. 명대의 양생가인 왕문록王文祿은 의학은 병이 발생하지 않게 하는 양생이 먼저라고 주장하며, 그의 저서도 『의선醫先』이라 하였다. 여기서 그는 '양덕과 양생은 다른 것이 아니다.'라고 하였다. 이는 양생을 한다는 것은 덕을 쌓는 것이라는 의미다. 명대 양생가인 여곤呂坤이 지은 『신음어呻吟語』에는 '덕을 쌓는 것이 양생의 첫 번째 요지다.'라고 하였다. 「소문」에서는 '나이가 백 살이 넘어도 동작이 쇠퇴하지 않는 까닭은 그 사람의 덕이 온전하기 때문이다. 어찌 위태롭겠는가.'라고도 하였다.

그러면 덕이란 무엇인가. 『도덕경』에서는 '큰 덕의 양상은 오직 도만을 따른다.'고 하였다. 이렇듯이 덕德이란 도道를 따르는 것이다. 그러면 도란 무엇인가. 중국철학에서 도의 개념은 매우 다양하다. 양생의 관점에서 간단히 요약하면, 도가에서의 도는 우주의 법칙성인 천도天道를 의미하고, 유가에서의 도는 윤리적 법칙성인 인도人道를 의미한다. 우주든 인간 행위이든 바른 그 법칙성을 따를 때 얻어지는 바가 바로 덕이라는 것이다.

『도덕경』에는 '천도는 사사로움은 없으나 항상 착한 사람과 함께 한다.' 그리고 '하늘의 그물은 넓고 넓어서 성글지만 놓치는 것이 없다.'는 말이 있다. 이 말은 이 우주는 인간의 행위 특히 선악 등의 행위에 상응하는 결과를 준다는 것이다. 즉, 우주는 도라는 윤리적 법칙성이 실현되는 세계라는 것이다.

따라서 인간은 이러한 천도를 따라야 한다. 이것이 양덕이다. 그러나 양생으로서의 양덕은 도가와 유가가 조금은 다르다. 도가적인 양덕은 자연에 순응한다든가, 인위人爲를 배제한다든가, 마음을 비운다든가 하는 무위자연無爲自然의 천도를 실현하는 것이다. 반면에 유가적인 양덕은 인간과 인간 사이에서 실현해야 하는 인도다. 그러나 정신양생으로 우선 실행되어야 할 양생은 인도로서의 유가적인 양덕이다. 도가적 양생은 「욕심을 줄여야 한다」든가 「마음을 비워야 한다」라는 곳에서 주로 언급할 것이다.

유가에서의 덕은 유가의 윤리 규범인 충효忠孝를 비롯한 인의예지신仁義禮智信을 모두 포함하는 것이다. 유가의 경전인 『중용中庸』에서 공자는 순舜 임금의 효행을 칭찬하면서 '그러므로 대덕大德은 반드시 그 지위를 얻고, 반드시 복록福祿을 받고, 반드시 명성을 얻고, 반드시 장수한다.'고 했다. 이는 순임금의 효라는 덕행이 순임금에게 직위와 복록과 명예와 장수를 주었다는 것이다. 그러면서 '몸을 닦는 데는 도로 하고, 도를 닦는 데는 인仁으로 해야 한다.'고 한다. 왜냐하면 유교의 윤리적인 이상인 인의예지신의 오상五常이 모두 인 하나에 담겨있기 때문이다. 여기서 인이란 어질다, 착하다, 남을 사랑한다는 의미다. 따라서 유교의 윤리적인 양덕은 인의 실천이라고 단정해도 좋다.

유교의 시조인 공자가 위대한 사상가라는 것은 누구나 잘 안다. 그러나 그가 위대한 양생가라는 것은 대부분 잘 모른다. 공자의 양생사상은 정신, 음식, 기거 등에 주로 나타난다. 그 중 정신양생의 하나가 『논어論語』에 나오는 '착한 사람은 장수한다.'는 이론이다. 이 착한사람은 장수한다는 인자수仁者壽 이론은 유교뿐만이 아니라, 한의학의 양생이론 특히 정신양생의 근본으로 받아들여지고 있다. 명대의 어의였던 공연현龔延賢은 장수에 관한 많은 비방을 대량으로 수집하여 『수세보원壽世保元』에 남겼다. 그러나 그가 강조한 양생법은 '선행을 쌓아 공을 이루고 항상 음덕을 베풀면 장수할 수 있다.'는 것이다. 여기서 음덕陰德은 남이 모르게 베푸는 덕이다.

중국 의학사에서 약왕藥王이라고 불리는 당대의 저명한 의사이며 양생가인 손사막은 도덕수양을 매우 강조하였다. 그는 『천금요방』에서 다음과 같이 양덕을 강조하였다.

성품이 본래 착하면, 애써 양생을 배우지 않아도 이롭지 않은 것이 없다. 성품이 이미 착하면 안팎의 모든 질병들이 발생하지 않으며, 환란과 재해도 일어나지 않는다. 이것이 양생의 핵심이다. ……
모든 행실이 바르면 비록 약을 끊어도 장수할 수 있다. 그러나 덕행이 원만하지 못하면, 옥액금단玉液金丹과 같은 좋은 약을 아무리 먹어도 장수할 수 없다.

실제로 손사막은 모든 관직이나 재물이나 명예 등을 버렸을 뿐만이 아니라, 이러한 양덕을 몸소 실천하고, 남에게도 가르쳤다. 그래서인지 그는 70세에 『천금요방千金要方』을 썼고, 100세에 『천금요방』의 보충판으로 『천금익방千金翼方』을 썼다.

　　당송팔대가의 한사람인 소동파는 동생 소철에게 기공氣功 고치叩齒 인진咽津 등의 양생법을 가르치며, '이 지극한 술법은 조급함과 음흉함과 탐욕이 없으며, 공평하고 아량이 있고 덕성스러워야 배울 수 있다. …… 바라건대 깊이 잘 간직하여 경망스러운 자들이 엿보아서 지극한 도가 누설되지 않도록 하여라.'라고 하였다. 이 말은 어떠한 양생법도 도덕적인 수양인 양덕, 즉, 착한 성품을 기르지 않으면 안 된다는 것이다.

　　진晉 시대의 갈홍葛洪이 쓴 『포박자抱朴子』는 불사약인 단약丹藥을 만드는 명저로 알려졌다. 그러나 후대에는 단약보다는 그 속에 있는 훌륭한 양생법에 관한 내용들이 보다 가치 있는 것으로 인정되고 있다. 그 중에서 다음과 같은 구체적인 양덕을 말하기도 하였다.

　　장생을 추구하는 자는 반드시 선의 공덕을 쌓고, 만물에 자애로운 마음을 베풀어야 한다. 자신의 마음을 미루어 남을 헤아리고, 곤충에까지 사랑이 미치게 해야 한다. 남의 경사를 내 일처럼 즐거워하고, 남의 고통을 내 고통처럼 불쌍히 여겨야 한다. 급박한 상황에 처한 사람을 도와주고, 곤궁에 빠진 사람을 구해주어야 한다. 손으로는 살아있는 것을 해치지 않고, …… 이렇게 하면, 덕이 쌓여 하늘로부터 복을 받고, 하는 일마다 성공하며, 신선이 될 수도 있다.

3) 욕심을 줄여야 한다

정신양생의 첫 단계는 남에게 베풀거나 착한 성품을 기르는 양덕이라고 하였다. 그러나 쉽게 그렇게 할 수 없는 것은 이기적인 욕심 때문이다. 다음에 서술될 감정을 조절하지 못하는 것이나, 마음을 비우지 못하는 것도 또한 욕심 때문이다. 어떠한 욕심이든 이것이 많으면 정신양생을 잘 할 수 없다. 따라서 정신양생의 근본은 욕심을 없애는 것이라고도 할 수 있다.

그러나 인간이 살아가기 위해서는 기본적인 욕망을 충족해야 하기 때문에, 욕심을 완전히 없앨 수는 없다. 예를 들면 먹는다는 욕망인 식욕을 완전히 없앨 수는 없다. 그래서 양생을 위해서는 욕심이 없는 무욕無慾이 아니라, 욕심을 적게 가지라는 과욕寡慾을 주장한다. 그런데 이 과욕은 욕심이 지나치게 많다는 의미의 과욕過慾과 발음이 같아서 혼동하기 쉽다.

왜 욕심을 적게 가져야 하는가. 『도덕경』에서는 '반대로 돌아가는 것이 도의 법칙[反者道之動]'이기 때문이라 한다. 그래서 다음과 같이 지나친 욕심을 경계하였다.

계속해서 채우기만 하는 것은 차라리 그만두는 것만 못하며, 쇠를 두들겨서 날카롭게만 하면 그것을 오래 보존할 수 없으며, 금과 옥이 집안에 가득하면 그것을 잘 지킬 수 없다. 부귀해져서 교만한 것은 스스로 재앙을 쌓는 것이다. 일이 이루어지면 스스로 물러나는 것이 하늘의 도.

위 『도덕경』에서처럼, 『안씨가훈顏氏家訓』에서도 비슷한 내용이 있다. 이것은 남북조시대 말기에 안지추顏之推가 자손을 위해 쓴 교훈서이다. 여기에 '천지와 귀신의 이치란 모두가 가득 찬 것을 싫어한다. 겸허하고 덜어낼 줄 안다면 가히 해를 면할 수 있다.' 고 한다. 이러한 점은 『준생팔전』에도 말하고 있다. 여기서는 '욕심이 있으면 재앙이 들어올 수 있으며, 욕심이 없으면 재앙이 들어올 수 없다. 또한 욕심이 없으면 행하는 바가 저절로 간단해지며, 마음의 평온함과 즐거움도 느낄 수 있다.'고 한다. 이러한 말들은 욕심이 재앙을 일으키는 근본이라는 것이다.

반면에 의서인 「소문」에는 '마음을 안정시켜 욕심을 일으키지 않으면, 생명의 원천인 진기眞氣가 체내를 골고루 순환하게 되고 정신이 안을 잘 지킨다. 그러니 어떻게 병이 침입할 수 있겠는가.'라고 하였다. 또한 금원金元 시대의 사대 의학가의 하나인 이고李杲는 소화 흡수를 관장하는 장기인 비위를 가장 중요한 기관으로 보아서 『비위론』이라는 저서를 남겼다. 그런데 그는 이 저서에서 '생각을 적게 하고 욕심을 줄이면, 혈기가 자연스럽게 조화를 이루어서 사기가 침범할 수 없다.'고 하였다. 『준생요지尊生要旨』에서는 '모름지기 정기신精氣神이라는 세 가지 보배를 온전하게 하기 위해서는 너무 즐기고 좋아하는 것을 버리고, 욕심이 적어야 한다.'고 말한다. 이처럼 의서에서는 욕심이 없으면 질병이 발생하지 않는다고 한다.

따라서 욕심을 줄이는 것이 정신양생의 핵심이 된다. 화타華佗의 제자 오보吳普는 '양생을 잘하는 자는 먼저 여섯 가지 해를 제거한 다음에야 심신을 보존하여 장수할 수 있다.'고 하였다. 그런데 이 여섯 가지는 『포박자』에서 말하는 다음 여섯 가지다.

대체로 양생을 잘하는 사람은 여섯 가지 해로움을 제거해야 한다. 그래야 백년을 살 수 있다. 첫째는 명예와 이익을 가볍게 보고, 둘째 색욕을 삼가고, 셋째 재물에 청렴하고, 넷째 맛있는 음식을 줄이고, 다섯째 아첨하지 않고, 여섯째 질투하지 않는다. 이러한 여섯 가지가 제거되지 않으면 수양의 도는 단지 말뿐이다. 비록 심오한 도를 바라고, 입으로 경전을 외우고, 몸에 좋은 약을 먹고, 기를 호흡해도 수명을 연장시킬 수 없다. 그것은 근본을 버리고 망령되게 말단을 구했기 때문이다.

이상의 욕심 중에서 젊은 날에는 색욕이 가장 억제하기 힘들다. 『만수단서』에서도 '욕심 가운데 색욕이 가장 심하다. 비록 성현이라도 없앨 수 없다.'고 한다. 공자도 '나는 덕을 좋아하기를 색을 좋아하는 것 같이 하는 자를 아직 보지 못했다'고 하였다. 이 색욕은 젊은 날에 반드시 경계해야 한다. 일반적으로 어리석은 자들은 식욕이나 재물욕을 억제하지 못한다. 반면에 지혜로운 자들은 명예욕을 억제하기 힘들어 한다. 왜냐하면 명예만 있으면, 재물이나 다른 욕망 등을 채울 수 있기 때문이다. 그래서인지 『천금익방』에는 '명예와 이익은 몸을 망친다. 그래서 성인은 명예와 이익을 버린다.'고 하였다. 따라서 훌륭한 양생가는 명예조차도 버릴 줄 알아야 한다.

동진東晉의 학자 장담張湛이 저술한 양생서인 『양생요집養生要集』에는 당시에 유행하던 12가지의 양생법을 소개했는데, 다음과 같이 모두가 적게 하라는 것이다. 그러나 이 모두가 욕심을 적게 가지라는 과욕寡慾의 다른 표현일 뿐이다.

적게 고민하며, 적게 생각하며, 적게 욕심내며, 적게 일하며, 적게 말하며, 적게 웃으며, 적게 근심하며, 적게 즐기며, 적게 기뻐하며, 적게 분노하며, 적게 좋아하며, 적게 미워한다. 이 12가지를 적게 하면 양생에 합치된다.

4) 감정을 조절해야 한다

인간이 살기 위해서는 사물을 판단하는 정신작용인 지성이 있고, 무엇인가를 하고자 하는 정신작용인 의지가 있다. 또한 이 두 정신작용이 일어나면 반드시 뒤따르는 정신작용이 있는데, 이것이 즐겁다거나 괴롭다는 등의 감정이다. 여러 정신작용 중에서 이 감정작용이 인간 생명에 끼치는 영향이 제일 크다. 그래서 이 감정 조절은 매우 중요한 양생법에 속한다.

인간에게 일어나는 여러 감정 중에 누구나 좋아하는 감정은 기쁨이다. 기쁘다는 것은 바라던 것이 충족되었다거나, 그 순간의 삶이 만족스럽다는 것이다. 이러한 점에서 삶의 궁극 목표는 기쁜 감정이 연속되는 상태라고도 할 수 있다. 보통 이러한 정신 상태를 행복이라 한다. 그래서 기쁘게 산다는 것은 인간의 최고의 바람이다. 그 뿐만 아니라 철학이나 종교적으로 볼 때, 기쁘게 산다는 것은 나에게 생명을 준 자에 대한 의무이기도 하다. 왜냐하면 주어진 생명에 감사하고, 그 생명을 기쁘게 영위해야 하기 때문이다. 그래서 『정증양생약언訂增養生藥言』에서는 '천지에는 하루라도 기가 조화되지 않으면 안 되고, 사람의 마음은 하루라도 기뻐하지 않으면 안 된다'고 하였다. 반면에 의서인 「소문」에서는 '기뻐하면 기가 조화롭게 되어서 마음이 편안해지고, 영기營氣와 위기衛氣가 순조롭게 소통된다.'고 하였다. 즉, 기쁜 감정은 인간의 생명활동을 원활하게 한다는 것이다.

그러나 모든 것이 그러하듯이 기쁨도 지나치면 생명을 손상시킨다. 명대의 서춘보徐春甫가 저술한 『고금의통古今醫統』에는 '지나치게 큰 기쁨은 심장을 손상시키는데, 손상이 쌓이면 정신을 손상시킨다. 그러므로 기쁨을 적당히 줄이면 정신이 피로하지 않게 된다.'고 하였다. 「영추」에서도 '과도한 기쁨은 심장을 손상시킨다. 기쁨이 과도하면 정기神氣가 흩어져서 수렴되지 않는다.'고 하였다. 원대 도교 양생서의 하나인 이붕비李鵬飛의 『삼원연수참찬서三元延壽參贊書』에서도 '마음이 기쁘면 양기가 분산되므로, 기쁨을 억제하여 양기를 길러야 한다.'고 한다.

이처럼 기쁨도 지나치면 생명을 손상시킨다. 그러나 인간의 감정 중에 인간의 생명에 가장 많은 손상을 주는 것은 분노다. 분노는 단순히 화를 내는 것만이 아니라, 표출하지 못하고 억압된 의식이나 불만족 등을 포함되며, 현대 용어로 말하면 각종 스트레스도 이에 해당된다. 「소문」에는 '분노하면 기가 역상하고, 심하면 피를 토하고, 설사를 한다.'고 하였다. 「영추」에는 다음과 같이 구체적으로 분노에 의한 손상을 말한다.

만약 근심이나 분노로 내부가 손상되면 기가 역상한다. 기가 역상하면 육경六經의 기가 통하지 않고 온기가 운행하지 않는다. 그러면 혈액이 응체되고 쌓여 흩어지지 않으며, 진액도 응체되어 원활하게 흐르지 못한다. 이것들이 제거되지 않으면 적積이 생긴다.

여기서의 적積은 적취積聚로 현대의학에서 말하는 각종 암 등의 종양이다. 이렇듯이 인간의 감정 중에 가장 경계해야 할 것은 분노다. 분노는 정도의 강약을 막론하고 인간생명을 해친다는 것을 명심해야 한다.

그래서 많은 의서에는 분노하지 말고 참으라고 한다. 송대 진직陳直이 저술한 노년의 질병 예방의 이론과 방법에 관한 『양로봉친서養老奉親書』에는 '백 번 싸워 백 번 이기는 것보다 한번 참는 것이 낫고, 만 마디 말로 만 번을 대적하는 것보다 한번 침묵하는 것이 낫다.'고 한다. 『준생팔전』에는 '너그러우면 남을 용서할 수 있고, 인내하면 사고를 면할 수 있다. 조금이라도 뜻에 어긋나면 발끈 화를 내고, 일이 하나라도 어긋나면 벌컥 성을 내는 것은 수양의 노력이 없고 박복한 사람이다.'라고 하였다. 『고금의통』에는 참을 인忍과 잊을 망忘이라는 두 글자를 사용하여 다음과 같이 분노를 다스리리라고 한다.

먼저 인자忍字를 사용하고 다음에 망자忘字를 사용한다. 이 좋은 두 가지를 균등하게 조화시켜서 말하지 않고 침을 삼킨다. 이 처방에서 먼저 사용한 인은 한때의 분노를 면할 수 있고, 그 다음의 망은 평생의 분노를 없앨 수 있다.

이 의미는 순간적으로 분노가 일어나려고 할 때 말하지 않고 참으면 일시적인 분노를 면할 수 있으며, 지나간 일의 기억으로 분노가 일어나려고 할 때 말하지 않고 잊으려 하면 평생 동안 분노하지 않을 수 있다는 것이다.

이렇듯이 분노는 물론이거니와 기쁨도 지나치면 생명을 손상시킨다고 하였다. 따라서 모든 시나친 정신작용은 생명을 해친다고 보아야 한다. 전한前漢의 회남왕 유안劉安의 명에 의해서 당시의 사상들을 편찬한 책이 『회남자』다. 여기에는 '지나치게 분노하면 음이 손상되며, 지나치게 기뻐하면 양이 손상되며, 지나치게 걱정하면 인체의 수납기능이 손상되며, 지나치게 두려워하면 미치게 된다.'고 하였다. 『양생론』에서는 '기쁨과 분노는 인체의 정기正氣를 손상시키며, 깊은 생각과 고민은 정신을 소모시키며, 슬픔과 즐거움은 신령한 기氣를 해친다.'고 한다. 「영추」에는 '슬픔이 쌓여 장臟에까지 이르면 장기臟氣가 소진되어 생명이 위태로워진다.'고 한다. 「소문」에는 '놀라면 심기心氣가 의지할 곳을 잃게 되고 정신이 머물 곳이 없어져 생각이 혼란스러워진다.'고 하였다. 시인 백거이는 「자각自覺」에서 '처음에는 나이에 따라 모습이 변하는 줄 알았는데, 인간의 성쇠는 즐거움과 근심을 따르는구나.'라고 노래했다.

이러한 말들은 지나친 감정이 생명을 손상시킨다는 것이다. 그런데 설명 방법이 다양하여 어떤 감정이 어떻게 인체에 손상을 주는가는 명확하지 않다. 정신작용이 인체에 끼치는 영향을 오행으로 일목요연하게 설명하고 있는 것이 「소문」이다. 여기서 오행에 따른 다섯 가지 장기와 다섯 감정과 오행의 관계는 이렇다.

목木의 장기인 간의 뜻은 분노로 나타나며, 화火의 장기인 심장의 뜻은 기쁨으로 나타나며, 토土의 장기인 비장의 뜻은 생각으로 나타나며, 금金의 장기인 폐의 뜻은 슬픔으로 나타나며, 수水의 장기인 신장의 뜻은 두려움으로 나타난다. 따라서 오장이 건강하면 모든 감정이 조화롭게 나타난다. 그러나 어느 장기의 기능이 항진되거나 병이 나면 정신의 조화도 깨어진다. 물론 이와 반대로 다음과 같이 감정에 의해서 오장의 조화가 깨지며 질병이 일어나기도 한다.

화를 내면 기가 역상하여 간기가 과도하게 위로 치솟아서 혈액이 기를 따라 올라가 어지러우며, 중풍 등의 간 질환의 원인이 된다. 기뻐하면 기가 완만하여 기혈이 조화로워지나, 지나치면 심기가 소모되어 혈액의 운행이 무력하고 어혈瘀血이 생기며 심통 등의 심장 질환의 원인이 된다. 생각이 과도하면 기가 울결되어 비기가 손상되어 기혈이 울결되며, 위장병 등의 비위 질환의 원인이 된다. 슬퍼하면 기가 소모되어 탁기를 배출하고 청기를 받아들이는 폐기의 운행이 실조되며, 천식 등의 폐질환의 원인이 된다. 두려워하면 기가 내려가서 신기腎氣가 손상되어 수납기능을 잃어서 대소변을 참을 수 없으며, 정이 빠져나가 신장 질환의 원인이 된다.

이상과 같이 모든 감정은 생명에 영향을 준다. 더욱이 지나친 감정은 그에 상응하는 장기에 직접적인 손상을 주어서 질병을 일으킨다. 그래서 『수세보원』에는 '칠정이 온전하면 전신의 질병이 저절로 사라진다.'고 한다. 춘추시대의 정치가인 관중管仲이 지었다는 『관자管子』에는 '대체로 삶이란 평정平正해야 한다. 평정을 잃으면 반드시 기쁨, 분노, 근심, 환란이 생긴다.'고 하면서 '근심하거나 슬퍼하거나 기뻐하거나 성내면 도가 머물 곳이 없다.'고 한다. 여기서는 감정의 안정이 도에 따르는 것이라고 한다. 『중용』에서는 '기쁨과 성냄과 슬픔과 즐거움이 아직 나타나지 않은 것을 중中이라 하고, 나타나서 모두 절도에 맞는 것을 화和라 한다. 중이란 천하의 대본大本이고, 화란 천하의 달도達道다.'라고 한다. 이 말은 기쁨과 성냄과 슬픔과 즐거움 등의 감정을 드러내지 않은 것이 천하의 도의 본체라는 것이다. 그러나 사람이 감정을 드러내지 않을 수 없다. 드러낸 감정이 절도에 맞은 것이 천하의 도를 달성하는 바탕이라는 것이다.

『중용』에서처럼 사람은 감정을 드러내지 말아야 하며, 감정이 드러나도 지나치지 않고 조화롭고 절도에 맞아야 한다. 그러나 이러한 경지는 말로는 쉬우나 실천하기는 매우 어렵다. 이 어려운 감정 조절 방법을 오행의 상생상극에 따르는 방법이 있다. 오행의 상생상극 관계에 따르면, 금의 속성인 슬픔은 목의 속성인 분노를 이기고, 화의 속성인 기쁨은 금의 속성인 슬픔을 이기고, 수의 속성인 두려움은 화의 속성인 기쁨을 이기고, 토의 속성인 생각은 수의 속성인 두려움을 이기고, 목의 속성인 노여움은 토의 속성인 생각을 이긴다. 이 의미는 정신작용도 오행의 상생상극관계에 따른다는 것이다.

이러한 오행의 상호 억제작용을 이용하여 정신질환을 치료하는 방법이 있다. 송宋과 금金 두 나라가 대치하는 혼란기에 태어난 장종정張從政은 사회적인 환경과 정신적인 원인이 질병을 일으키는 원인이라고 보았다. 그는 『유문사친儒門事親』에서 감정으로 감정을 치료하는 구체적인 방법을 다음과 같이 설명한다.

슬픔은 분노를 치료할 수 있는데, 슬프고 고난의 말로써 치료할 수 있다. 기쁨은 슬픔을 치료할 수 있는데, 장난치고 놀리며 가벼운 말로 치료할 수 있다. 두려움은 기쁨을 치료할 수 있는데, 공포나 죽음에 관한 말로써 치료할 수 있다. 분노는 사려(思慮: 깊은 생각)로 치료할 수 있는데, 수치스럽고 기만하는 말로써 치료할 수 있다. 사려는 두려움을 치료하는데, 이런저런 걱정되는 말로써 치료할 수 있다.

현대에는 이에 상응하는 연극이나 영화 또는 텔레비전 프로를 통해서도 가능하다. 예를 들면 분노에는 비극, 슬픔에는 희극, 기쁨에는 공포영화, 사려에는 폭력영화 등을 보면서 치료할 수 있을 것이다.

5) 뜻을 펼쳐야 한다

뜻을 펼친다는 것은 자신이 하고자 하는 바를 마음껏 하는 것이다. 여기서 마음껏 한다는 것은 인간이 할 수 없는 일을 한다거나, 사회규범에 어긋나는 짓을 마음대로 한다거나, 자신이 도저히 할 수 없는 일을 한다는 것은 아니다. 자신의 처지에서 윤리규범에 어긋나지 않고서 진정으로 하고자 하는 바를 하는 것이다. 만약 이렇게 자신이 하고자 하는 일을 직업으로 평생을 할 수 있다면, 대단히 행복한 사람이다. 그래서 현명한 사람이라면 자신의 천명天命을 자각하고, 그에 따른 직업으로 자신의 뜻을 펼칠 것이다. 그러나 대부분은 자신의 소명 또는 천명을 자각을 하지 못할 뿐만이 아니라, 자각을 했어도 자신의 직업이나 삶에 대해 만족하지 못하면서 한 생을 마친다.

이러한 불만족스러운 감정은 하고 싶은 대로 뜻을 펴지 못하는 억압된 의식이다. 이것은 분노의 일종으로 생명을 크게 해친다. 이렇게 불만이 생명을 손상되는 원인은 정신은 퍼지려는 성질이 있기 때문이다. 『이양전요頤養詮要』에서는 '인간의 정신은 펴지기를 좋아하고, 울결되어 쌓이는 것을 싫어한다. 만일 울결되고 쌓이면 정신이 손상되어 그 해로움이 심각해진다.'고 한다. 따라서 지나친 탐욕이나 분노 또는 근심 등을 마음속에 오랫동안 간직하고 있으면 심신의 병이 된다.

그런데 문제는 이러한 것들을 떨쳐버리려 해도 쉽게 떨쳐지지 않는다는 것이다. 이러한 까닭은 정신으로 정신을 통제하기는 어렵기 때문이다. 이때 응결된 마음을 풀어버리는 가장 좋은 치료법은 자신이 좋아하는 취미생활로 뜻을 펼치는 방법이다. 그런데 취미생활에서 명심해야 할 것이 있다.

그 첫째가 그 취미생활이 진심으로 즐거워야 하고 고통이 뒤따르지 않아야 한다. 예를 들면 등산이 취미인데 등산을 하고 나면 무릎이 아프다거나, 서예가 취미인데 서예를 하고 나면 혈압이 오른다거나 하면 안 된다. 둘째는 그 취미생활과 자신의 처지가 맞아야 한다. 예를 들면 피아노 연주를 취미로 하고 싶은데 음악을 모른다거나, 해외여행을 취미로 하고 싶은데 돈이 없다면 안 된다. 셋째는 그 취미생활이 저속하지 않고 도덕적이어야 한다. 예를 들면 바둑이 취미인데 많은 돈내기 바둑이거나, 낚시나 투견처럼 다른 생명체를 괴롭히는 취미는 바른 양생이 될 수 없다. 그래서 취미생활은 자신의 능력에 맞고, 자신에게 즐거움을 주고, 도덕적이어야 한다.

이러한 취미생활은 무수히 많다. 모두 열거할 수 없으나 고전에서 대표적인 것을 발췌해 보면 이렇다. 『관자』에서는 '분노를 그치게 하는 방법으로 시詩만한 것이 없고, 근심을 제거하는 방법으로 음악만한 것이 없다.'고 하였다. 『준생팔전』에서는 '시서詩書는 마음을 기쁘게 하고, 산의 누각은 우아한 흥취를 일으켜 수명을 연장시킬 수 있다.'고 하였다. 『홍로점설紅爐點雪』에서는 '노래를 읊조리는 것은 성정性情을 기르는 방법이며, 춤을 추는 것은 혈맥을 기르는 방법이다.'라고 한다. 『양생수지養生須知』에서는 '항상 독서나 노동 등의 바른 일을 하면 생각에 사악함이 일어나는 것을 방지할 수 있다.'고 한다. 이러한 취미생활의 정신양생을 『술제재십락述齊齋十樂』에는 다음과 같이 열 가지를 말한다.

바른 도리를 말하고 깨닫고 가르치는 것, 글씨를 쓰는 것, 마음을 깨끗이 하고 조용히 앉아있는 것, 좋은 친구와 깨끗한 담론을 하는 것, 술을 조금 마셔서 약간 취하는 것, 꽃을 키우고 대나무를 가꾸는 것, 음악을 듣는 것, 새를 기르는 것, 향을 피우고 차를 끓여 마시는 것, 성벽에 올라 산수를 구경하는 것, 바둑을 두는 것.

이 중에서 '바른 도리를 말하고 깨닫는 것'이 가장 뛰어난 방법이다. 항상 자신의 종교 경전이나 옛 성현의 말씀을 담은 글을 읽고 사색해야 한다. 글씨를 쓰거나 음악을 연주하는 것도 좋은 취미다. 그러나 그것을 잘해서 남에게 자랑삼아 보여주거나 들려

주기 위한 것이면, 취미가 아니다. '마음을 깨끗이 하고 조용히 앉아있는 것'은 다음 기공양생에서 설명할 것이다. 마지막으로 바둑을 두는 것은 장기나 그밖의 게임과 더불어 아주 좋은 취미가 될 수 있다. 그러나 성격적으로 지나치게 승부욕이 강해서 승패에 집착하는 사람은 취미로 삼아서는 안 된다. 더구나 그것이 많은 돈이 걸려있는 도박이 되서는 더욱 안 된다.

　이상과 같이 정신양생의 하나로 마음에 응결된 것을 푸는 취미생활에 대해서 살펴보았다. 그런데 위의 내용은 모두가 고전에 의한 것이기 때문에, 매우 발달한 물질문명과 접해있는 현대인들에게는 맞지 않을 수도 있다. 그러나 양생의 방법으로 취미를 갖는다면, 현대의 감각적이고 물질적이고 역동적인 성향의 취미보다는 정신적이고 정적이고 내면으로 향하는 고전적인 취미를 갖는 것도 좋을 것이다.

6) 마음을 비워야 한다

　앞에서 본 바처럼 인간은 탐욕과 같은 의지 분노와 같은 감정 등에 의해서 심신이 손상되고 고통을 받는다. 그래서 많은 사람들이 분노와 같은 감정으로부터 벗어나고자 노력하고, 식욕과 같은 탐욕을 줄이려고 노력한다. 그러나 보통의 노력으로는 그러한 감정이나 의지가 쉽게 조절되지 않는다. 이 까닭은 정신의 내면에는 욕망이나 분노와 같은 의식이 잠재되어 있기 때문이다. 이것을 잠재의식 또는 무의식이라는 내면의식이다. 따라서 탐욕이나 분노 등의 바람직하지 않은 욕망이나 감정으로부터 완전히 벗어나려면, 정신에 잠재된 의식을 비워야 한다. 이것이 마음을 깨끗이 한다는 청심淸心이다.

남송시대의 내단 수련가 백옥섬白玉蟾은 '사람이 마음을 비우면 도와 하나가 되고, 마음을 비우지 않으면 도에 어긋나게 된다.'고 하였다. 송나라 증조曾慥는 『도추道樞』에서 '비움과 고요함이 지극하면 도가 머물고 지혜가 생긴다. 지혜는 본래 나의 본성인데, 탐욕과 애욕으로 더러워지고 어지러워지고 흩어지고 희미해져서 알 수 없게 되었다.'고 한다. 도교의 대표적인 이론가인 유염俞琰의 『주역참동계발휘周易參同契發揮』에서는 '대체로 마음이 편안하고 텅 비면 도가 저절로 와서 머물고, 비움이 지극하고 고요함이 돈독하면 원양진기元陽眞氣가 저절로 회복된다.'고 한다. 이상에서처럼 마음이 비워져서 깨끗하고 고요하면 도가 머물며, 지혜가 생기며, 원양진기가 회복된다는 것이다.

그러면 도가 머물도록 마음을 비우는 구체적인 방법은 무엇인가. 의서인 『천금요방』에서는 '도는 번거로운 것이 아니다. 단지 음식이나 여색에 마음을 두지 않고, 이김과 짐, 옳음과 그름, 얻음과 잃음, 명예와 치욕에 마음을 두지 말아야 한다.'고 한다. 반면에 『회남자』에서는 '대체로 기뻐하거나 노여워하면 도를 그르치며, 근심하거나 슬퍼하면 덕을 잃는다.'고 한다. 또 『포박자』에서는 '마음을 편안하고 맑게 하여 즐기는 것과 욕심을 씻어버리고, 늘 반성하며 죽은 시체처럼 마음 쓰는 것이 없이 거처해야 한다.'고 가르친다. 이 셋의 내용을 요약하면, 도는 욕심과 분별심을 버려야 하고, 희로애락이 일어나지 않는 평정한 상태라는 것이다. 『양성연명록』에서 '고요한 사람은 장수하고, 조급한 사람은 요절한다.'는 것은 이때문일 것이다. 이는 마음이 비워져서 고요하면 도뿐만이 아니라, 원양진기도 회복되기 때문이다.

그러나 욕심이나 분별심을 없애고 죽은 사람처럼 마음을 쓰지 않기란 쉽지 않다. 이렇게 되기 위한 구체적인 방법이 필요하다. 이러한 방법을 『수세전진壽世傳眞』에서는 이렇게 말한다.

> 일에 접하였을 때 마음이 움직이지 않을 수는 없으나, 반드시 계곡의 메아리처럼 대응하고 곧 멈춰야 한다. 또는 거울이 사물을 비추는 것처럼, 사물이 다가오면 비춰주고 사물이 멀어지면 남기지 않아야 한다.
> 세상은 하나의 커다란 극장이다. 이별과 만남 그리고 슬픔과 기쁨은 순간적인 것으로 보아야 하며, 부귀공명은 담담하게 보아야 하며, 어려움과 고통은 평상적인 것으로 보아야 하며, 세속의 번잡함은 조용하게 보아야 한다.

이처럼 마음을 텅 빈 거울처럼 쓰고 세상을 연극무대처럼 본다면, 마음에 남는 것이 없을 것이다. 이러한 방법은 세상을 보는 태도로 마음을 비우는 것이다. 그러나 실제의 삶 속에서 이러한 관념이 바로 들어날 수 있는 지는 의문이다. 왜냐하면 잠재의식 속에 쌓여있는 많은 탐욕이나 분노는 그렇게 쉽게 비워지지 않기 때문이다. 그래서 진정으로 마음을 비우기 위해서는 다양한 수련 방법이 필요하다. 『장자』에는 다음과 같은 수련 내용이 나온다.

설결齧缺이 피의被衣에게 도를 묻자, 피의가 말했다. '몸을 단정히 하고 눈은 한곳을 보면, 자연의 화기和氣가 몸에 모일 것입니다. 지식을 거두고 정신은 한곳을 집중하면, 신명神明이 몸에 깃들 것입니다. 이렇게 하면 덕은 당신의 아름다움이 될 것이며, 도는 당신의 처소가 될 것입니다. 당신의 눈은 갓 태어난 송아지처럼 맑게 될 것이며, 도가 무엇인지 묻지 않게 될 것입니다.'

『장자』에는 공자의 제자 안회가 좌망의 경지에 드는 다음과 같은 내용도 있다.

안회가 말했다. "저는 얻은 바가 있습니다."
공자가 말했다. "무슨 말이냐."
안회가 말했다. "저는 인의仁義를 잊었습니다."
공자가 말했다. "괜찮기는 하나, 아직 멀었다."
얼마 후에 다시 안회가 말했다. "저는 얻은 바가 있습니다."
공자가 말했다. "무슨 말이냐."
안회가 말했다. "저는 예악禮樂을 잊었습니다."
공자가 말했다. "괜찮기는 하나, 아직 멀었다."
얼마 후 다시 안회가 말했다. "저는 얻은 바가 있습니다."
공자가 말했다. "무슨 말이냐."
안회가 말했다. "저는 좌망坐忘하였습니다."
공자는 깜짝 놀라며 물었다. "좌망이란 무엇이냐."
안회가 말했다. "팔다리와 몸을 놓아 잊어버리고, 눈과 귀의 감각작용을 물리칩니다. 이렇게 형체를 떠나고, 지각작용을 버려서 대도大

道에 동화同化하는 것을 좌망이라고 합니다."

공자가 말했다. "대도와 하나가 되면 좋고 싫은 것이 없어지며, 대도와 같이 변화하면 집착이 없어진다. 너는 과연 훌륭하구나. 나도 네 뒤를 따라야겠다."

이 우화는 도와 하나가 되는 과정을 말한 것이다. 그 과정은 '인의를 잊음 → 예악을 잊음 → 좌망'이다. 좌망坐忘은 자신의 몸과 마음도 잊고 좋고 싫음의 분별심도 없는 경지로 대도와 하나가 되어 함께 변화하는 경지다. 아마도 이러한 경지에 이를 때에만, '거친 밥을 먹고 물을 마시며, 팔을 굽혀 베개를 삼아도 즐거움은 그 가운데에 있구나.'라는 『논어』의 한 구절을 노래할 수 있을 것이다.

이처럼 마음을 비운다는 것은 단순히 마음으로 '욕심을 내지 말아야지.' 또는 '화를 내지 말아야지.'라고 생각하는 것만으로는 되지 않는 경우가 많다. 마음을 비우기 위해서는 마음을 비우는 합당한 방법으로 끊임없이 반복 수련을 하는 것이 좋다. 이러한 수련에 의한 마음을 비우는 방법의 하나가 기공이다. 이에 대해서는 「기공양생」에서 설명한다.

3. 음식양생

음식이란 사람이 먹을 수 있게 만든 것이다. 좀 더 세분하면, 음식飮食은 마시는 음飮과 씹어서 먹는 식食을 말한다. 음양으로 보면 마시는 액체는 음이고, 씹어 먹는 고체는 양이다. 이 둘은 몸을 구성하고 각종 생리활동을 일으키는 근본물질이다. 이것이 없으면 살 수 없다. 따라서 이 삶을 온전히 누리기 위해서는 바르게 잘 먹어야 한다. 『양생론』에서도 음식을 잘 먹는 것을 양생의 근본으로 삼아야 한다고 하였다. 음식이야말로 우리 생명을 유지하는 직접적인 물질이기 때문이다.

그래서 『비위론』에서는 음식의 소화 흡수를 담당하는 비위를 후천 생명의 근본이고, 모든 오장육부의 어머니이고, 혈과 기를 생성하는 근원이라고 한다. 손사막은 몸을 편안하게 하는 근본은 반드시 음식에 의존해야 하며, 올바른 식이요법을 알지 못하는 자는 온전한 삶을 누리지 못한다고 하였다. 『천금익방』에서는 '약은 성질이 강렬하여 군사를 부리는 것과 같다'고 한다. 이 의미는 약은 부작용도 있고, 위험할 수도 있다는 것이다. 그래서 '치료를 하려면 먼저 음식으로 치료하고, 음식 치료로 낫지 않으면 그때 약을 써야 한다.'고 하였다. 『천금요방』에서는 다음과 같이 말한다.

음식물은 사기邪氣를 제거하고, 장부를 편안히 하고, 마음을 기쁘게 하고, 뜻을 상쾌하게 하고, 혈기를 원활하게 한다. 만일 음식으로 병을 다스리거나, 감정을 풀어주어 질병을 제거한다면, 그를 명의라고 할만하다.

1) 적게 먹고 저게 마셔야 한다

음식은 생명을 유지하는 근원이기 때문에, 당연히 부족함이 없이 충분히 섭취해야 할 것이다. 그러나 의학의 관점에서 보면 대부분 너무 과다하게 섭취해서 생명을 손상시킨다. 이러한 까닭은 누구에게나 생명을 보존하기 위한 본능인 식욕 또는 식탐이 있기 때문이다. 그래서 대부분 필요 이상으로 많이 먹고 마신다. 특히 풍요로운 현대인들에게 더욱 심하다.

그래서 대부분의 의서에는 많이 먹는 것을 경계한다. 「소문」에서는 '음식으로 생명을 기르나 지나치면 정기正氣를 손상시킨다.'고 하였다. 『비위론』에서는 '음식을 많이 먹으면, 비위의 기가 손상되며, 원기도 채울 수 없으며, 모든 병이 이로 말미암아 생긴다.'고 한다. 위진魏晉시대의 장화張華가 쓴 백과사전격인 『박물지博物志』에는 '먹는 것을 줄일수록 마음은 더욱 맑아지고 수명은 더욱 길어진다. 먹는 것이 많을수록 마음은 더욱 막히고 수명을 더욱 줄어든다.'고 한다. 『포박자』에는 '먹는 것이 많으면 적취積聚가 생기고, 마시는 것이 너무 많으면 담벽痰癖이 생긴다.'고 한다. 여기서 적취는 뱃속에 담벽은 옆구리에 생기는 덩어리로 모두 사기邪氣가 쌓인 것이다.

음식양생에서 가장 중요한 것은 알맞게 먹는 것이다. 여기서 알맞게란 조금 적게 먹는 절제를 의미한다. 왜냐하면 인간의 욕망 중에 식욕이 으뜸이기 때문이다. 『수세보원』에서는 '음식은 먹고 싶은 양의 반만 먹고, 간식은 하지 말며, 술은 십 분에 삼만 마시되 자주 마시는 것은 좋지 않다.'고 한다. 『천금익방』에서는 '음식을 먹데 적당한 데서 그치지 못하면 병에 걸린다. …… 되도록 적게 먹어야 한다. 음식은 마땅히 절제해야 한다. 만약 음식을 탐하면 심신이 손상되기가 쉽다.'고 한다.

이렇듯이 모든 양생가들은 소식小食을 제일 강조하였다. 여기서 소식은 스스로 절제하는 것이다. 이는 음식을 쾌락의 일부로 즐기는 것이 아니라, 양생의 도를 실천하는 것으로 여기는 것이다. 청대 왕사웅王士雄이 편찬한 식료용 약물에 관한 의서인 『수식거음식보隨息居飮食譜』에서는 '양생에는 오묘한 원칙이 없고 다만 음식을 조절할 따름이다. 먹어도 그 맛을 모르면 이미 소박한 식사가 된 것이다. 포식하면서 억제하지 못한다면 금수에 가까운 자다.'라고 한다.

많은 사람들이 적게 먹어야 건강하고 장수한다는 것은 잘 안다. 특히 현대의 많은 의학적 연구가 이를 뒷받침하고 있기 때문이다. 그러나 마시는 것 즉, 수분 섭취도 줄여야 한다는 것에 대해서는 잘 모른다. 오히려 '하루에 1.5리터 이상의 물을 마셔야 한다.'는 등의 이론도 있다. 한의학의 입장에서는 먹는 것과 마찬가지로 마시는 것도 조금 마셔야 한다.

물은 모든 생명체에 반드시 필요한 것이다. 그러나 역대의 많은 양생가들은 물을 적게 마시라고 한다. 물을 적게 마시라는 이

양생법은 당송팔대가의 한사람인 소동파의 양생법으로도 많이 알려져 있다. 그는 '비장을 튼튼히 하기 위해서는 물 마시는 것을 절제해야 한다.'고 강조한다. 한의학의 입장으로 보면, 비장은 소화 흡수 기능을 총괄하는 기관으로 후천생명의 근본이다. 따라서 비위가 튼튼하면 모든 병이 생기지 않고 건강할 수 있다. 그런데 이 비위는 습기를 제일 싫어하고 물에 약하나. 물을 넣이 마시면, 이 비위가 약해져서 제 기능을 발휘하지 못한다. 비위가 약해지면 영양 공급을 받을 수 없으니, 아무리 선천의 근본인 신장이 좋아도 건강할 수 없다.

또 다른 이유는 물을 많이 마시면 물도 독으로 변한다는 것이다. 즉, 수독水毒이다. 한의학에서 우리 몸에 장애를 일으키는 세 가지 독은 수水 · 습濕 · 담痰이다. 즉, 물을 근본으로 하여 수독에서 습독濕毒이 되고, 물과 습이 오래 동안 머물며 열을 받아서 담독痰毒이 된다. 물을 바탕으로 하는 습과 담은 각종 질병을 일으키는 독이 된다. 이처럼 물도 인체에 꼭 필요한 것이기는 하나, 많이 마시는 것은 건강에 안 좋다. 특히 오전이나 식사 전후에 마시는 물은 비위의 소화 흡수 기능을 많이 떨어뜨린다. 식사 때에는 가급적 물이나 국을 많이 마시지 말고, 식후 2시간 정도 지난 다음에 마시는 것이 좋다. 다른 청량음료나 차 등도 마찬가지이다.

이처럼 먹고 마시는 것이 많으면, 많은 병의 원인이 되고, 장수하기 어렵고, 지혜롭지 못하다. 그 까닭은 많은 음식을 소화 흡수 배설하기 위해서 거의 모든 장기가 피곤하고 결국에는 망가진다. 생명 활동이 내장의 음식 처리에 집중되어 있기 때문에,

뇌의 기능이나 정신작용은 원활하지 못하다. 그래서 지혜롭지 못할 뿐만이 아니라, 정서가 안정되지 않는다. 만약 영양이 과다하여 비만이 되면, 인체의 모든 기능에 문제가 발생할 수 있다. 이는 작은 차에 과도하게 짐을 실은 것과 같다. 반면에 많이 먹고 마셔도 야윈다면 이는 더욱 위험하다. 이러한 증상을 소갈消渴이라 하는데, 더욱 많이 마시고 먹고 싶어진다. 이것은 대부분 소변으로 모든 영양소가 빠져나가는 일종의 소모성 질환이다. 현대에는 이를 당뇨병이라 한다.

적게 먹으면 건강하다는 원리는 현대의학에서 여러 방면으로 이미 밝혀졌다. 그 중 하나가 세포의 자가포식에 의한 세포 청소다. 이 이론은 섭취하는 칼로리가 부족하여 세포가 적당히 굶으면, 자기 생존을 위해 세포 내에 있는 노폐물을 분해해서 에너지를 재활용한다는 것이다. 반면에 칼로리 공급이 과잉 상태가 되면, 노폐물을 재활용할 이유가 없어져서 노폐물이 쌓이게 된다. 노폐물이 쌓이면, 세포의 신진대사 장애를 일으키고, 노폐물이 세포 밖으로 나가 암 유전자 변이를 일으키고, 필요 없는 단백질이 쌓여 치매나 퇴행성 질환 등을 일으킨다. 그래서 적당히 굶주려야 생존력이 강해진다는 것이다. 의학적으로는 먹고 싶은 양의 60~70% 먹는 것이 건강에 가장 좋다.

2) 음식은 담백해야 한다

음식이 담백淡白하다는 것은 향이나 맛이 강하지 않다는 것이다. 이러한 음식이 건강에 좋다는 것이다. 전통적인 표현으로는 고량후미膏粱厚味를 먹지 말라는 것이다. 고량후미란 기름기가 많고, 달고, 진한 맛의 음식을 말한다. 많은 의서에서는 이러한 것들을 경계하고 있다. 전국시대 말기의 사상가인 한비韓非의 저술이라는 『한비자韓非子』에서는 '향기롭고 부드러운 음식과 맛있는 술과 살찐 고기는 입에는 달지만 몸을 병들게 한다.'고 한다. 「소문」에는 '고량진미만을 먹으면, 회농 성종기가 발생한다.'고 한다. 『여씨춘추』에는 '살찐 고기와 맛있는 술을 자주 먹는 것은 장腸을 병들게 하는 짓이다.'라고도 하였다.

고량후미의 대표적인 것이 고기다. 고기에는 소고기나 돼지고기와 같은 육류가 있고, 조기나 북어와 같은 생선이 있다. 이러한 고기에는 단백질과 지방이 매우 많아서 영양학적으로는 칼로리가 대단히 높다. 그러나 고기를 과도하게 섭취하여 몸 안에 축적되면, 이것들이 화火로 변하여 각종 염증질환이나 심혈관계의 질환 또는 당뇨 등의 원인이 된다. 현대인에게 발생하는 많은 질병은 고기를 많이 먹어서 생기는 것이다. 『보양설保養說』이라는 문헌에 이미 '육식의 기氣가 많으면 곡식의 기를 막는다. 그러면 화기火氣가 많아서 원기元氣를 막는다. 원기가 잘 소통하는 자는 오래살고, 원기가 막힌 자는 요절한다.'고 하였다.

고기 즉, 육식이 인간에게 근본적으로 이롭지 못한 이유는 인간의 생리적 구조 때문이다. 인간의 이빨 모양, 소화효소의 분비, 긴 창자 등의 구조는 초식동물에 가깝다. 그래서 인간은 육식보다는 초식이 생리적으로 적합하다. 굳이 육식을 한다면 섭취하는 영양의 10~25% 정도가 적합하다.

고기가 아니고 고량후미에 속하는 것은 음식의 핵심만 빼서 정제해 놓은 것이다. 이러한 것으로는 쌀의 핵심만 모은 백미, 밀의 핵심만 모은 하얀 밀가루, 사탕수수의 핵심만 모은 백설탕, 소금의 핵심만 빼서 모은 정제염 등이다. 또한 쌀 등의 곡식의 핵심만 빼서 정제한 조청이나 엿, 우유의 핵심만 빼서 모은 치즈나 버터, 식물 영양소의 핵심만 모은 기름 등이다.

이러한 것들을 많이 먹으면, 지나치게 한 부분의 영양이 과잉되어 영양의 불균형을 초래한다. 예를 들면 단 엿을 많이 먹으면, 비 기능이 항진되면서 신장이 손상된다. 그뿐만이 아니라 비타민이나 무기질 등의 부족을 초래할 수도 있다. 또한 대부분의 이러한 고농도의 음식들은 몸 안에서 열독으로 작용한다. 특히 인간의 창자의 구조를 보면 반드시 섬유질을 섭취해야만 한다. 그래서 음식의 핵심만 모아서 맛있게 정제된 음식은 많이 먹어서는 안 된다. 또한 지나치게 불순물을 정제한 것도 좋지 않다. 이는 순수한 물인 증류수와 같은 물에서는 고기도 인간도 살 수 없다는 것을 알아야 한다. 모든 만물이 그렇듯이 필요 없는 듯한 섬유질 등이 함께 있어야 음식으로 제 구실을 한다. 이러한 원리를 『장자』에는 다음과 같은 우화로 말한다.

혜자가 장자에게 말했다. '그대가 말하는 것은 쓸모가 없소.'

그러자 장자는 말했다. '쓸모없는 것을 알아야만 비로소 쓸모 있는 것을 알게 되오. 예를 들면 땅은 넓지만, 사람에게 쓸모 있는 것은 겨우 발의 크기 정도의 좁은 범위요. 그렇다고 발로 밟고 있는 땅만 남겨 놓고 그 나머지를 황천까지 깊이 파내어 버린다면, 그래도 발 크기만큼만 필요하다고 하겠소.'

혜자가 말했다. '그 넓이만으로는 쓸모가 없소.'

이에 장자가 말했다. '그렇다면 쓸모가 없다는 것은 쓸모가 있다는 것이 분명하오.'

양생에서 담백하게 먹으라는 것은 가급적 육식이나 생선보다는 곡식이나 야채를 먹는 것이다. 다음은 많이 가공하여 정제한 것보다는 원래의 상태를 유지한 현미나 통밀가루 또는 천일염처럼 거친 것을 먹는 것이다. 다음에 담백하게 먹는 것에는 지나치게 맛이 강한 것, 향이 강한 것, 색이 강한 것이다. 이에 대해서는 다음의 「오미의 조화를 맞춰야 한다」에서 설명할 것이다.

3) 차와 술을 많이 마시지 않아야 한다

차와 술을 비롯한 모든 음료수는 물을 주성분으로 하기 때문에, 많이 마시는 것은 건강에 해롭다. 그럼에도 불구하고 다시 차와 술을 언급하는 것은 그것으로부터 얻는 뛰어난 이로움 때문이다. 물론 이것들로부터 오는 해로움이나 중독성도 그 이로움 못지않게 심각하다. 그래서 여기서 이 둘을 자세히 다루고자 한다.

여기서 논하고자 하는 차는 산차과山茶科에 속하는 상록 관목류의 차나무 잎으로 만든 차만을 말한다. 이러한 차는 원산지인 중국을 중심으로 인도, 대만, 한국, 일본 등에 퍼져 있다. 각 지역마다 약간씩 품종의 변화가 있고, 만드는 방법에 따라 여러 종류로 나뉜다. 기본적으로 발효시키지 않은 녹차류, 완전 발효시킨 홍차류, 반 발효시킨 오룡차류 등으로 분류할 수도 있다. 그러나 차의

산지 만드는 방법 등이 달라서 그 성분이나 약효 등이 약간씩 다르며, 그 이름도 수백 가지에 달한다.

그러나 차가 갖는 보편적인 성질은 큰 차이가 없다. 그 성질은 달면서 쓰고, 조금 차고, 독이 없다. 그 효능의 첫째는 해독 작용이다. 전설에 따르면, 황제 신농씨가 약성을 구별하기 위해서 하루에 72가지의 독초를 맛보기도 했으나, 차를 마셔서 그 독을 풀었다고 한다. 역대의 연구에 따르면, 고기와 같은 것에 의한 식중독, 술에 의한 주독, 벌과 같은 벌레에 의한 독, 대상포진과 같은 세균에 의한 독을 풀어준다.

그 다음은 화火를 내리는 작용이다. 이시진은 『본초강목』에서 '차는 음陰 중의 음으로 침강沈降하여 화를 잘 내린다. 화는 백병의 근원인데, 화를 내려서 머리를 맑게 한다.'고 하였다. 그래서 열을 내리고, 머리와 눈을 맑게 하고, 마음을 편하게 한다.

당대 후녕극侯寧極이 저술한 약물에 대한 의서인 『약보藥譜』에서는 '사람이 차를 마시면 갈증이 멎고, 소화가 잘되고, 담이 없어지고, 잠이 적어지고, 소변이 잘 나오고, 눈이 맑아지고, 정신이 맑아지고, 번열煩熱이 제거되고, 기름진 것이 제거되니, 사람에게 하루라도 차가 없을 수 없다.'고 차를 칭찬하였다.

그밖에 이질을 치료하고, 지혈止血을 하고, 대소변을 잘나오게 하고, 진액을 생기게 하고, 충치를 예방하는 등의 효과가 있다. 특히 대부분의 현대인들의 성인병인 고혈압, 당뇨병, 비만, 동맥경화, 암 등을 예방하거나 치료하는 작용도 뛰어나다. 특히 중년이후에 신장의 기운이 쇠약해져 머리가 맑지 못하고, 눈이 침침하고, 기억력이 감퇴되고, 허열이 위로 치솟을 때 도움이 된다.

여름에 더위가 심하고 갈증이 있을 때, 정신이나 육체가 피로할 때에도 도움이 된다.

그러나 아무리 몸에 좋은 차라도 많이 마셔서는 안 된다. 이 또한 물처럼 독이 되기 때문이다. 당대의 기모경某母曩은 『다음서茶飮序』에서 '체한 것을 풀어주고 막힌 것을 없애주는 것은 하루 잠깐의 이로움이고, 정기를 수척케 하고 기운을 소모시키는 것은 평생의 큰 해로움이다.'라고 하였다. 차가 이렇게 사람을 손상시키는 경우는 특히 배가 고플 때 빈속에 차를 많이 마시는 경우다. 그러므로 차는 식사 전에 빈속에 마셔서는 안 된다. 반면에 식사 직후나 과음한 직후에도 마셔서는 안 된다. 그리고 속이 냉한 사람과 위궤양이나 빈혈 등이 있는 사람 그리고 약을 복용하고 있는 사람도 마셔서는 안 된다.

이와 비슷한 효과가 있는 것이 커피다. 그러나 커피는 그 성질이 뜨겁고, 열을 나게 하고, 기를 올리고, 진정보다는 각성작용이 강하다. 이것도 차처럼 알맞게 마시는 것은 좋다. 그러나 고혈압이나 기가 역상하는 체질은 마셔서는 안 된다. 그밖에 인삼차, 구기자차, 생강차 등의 약차는 체질이나 질병 등에 따라서 알맞게 마실 수 있다.

다음에 거론하고자 하는 것은 술이다. 술의 좋은 점을 이야기할 때마다 회자되는 『박물지』의 다음과 같은 이야기가 있다.

세 사람이 어느 날 짙은 안개를 맞으며 길을 떠났다. 그런데 한 사람은 건강했고, 한 사람은 병이 들었고, 한 사람은 죽었다. 그 까닭을 건강한 사람에게 물으니, '나는 술을 마시고 나섰고, 병든 사람은 죽을 먹고 나섰고, 죽은 사람은 빈속으로 나섰다.'고 하였다.

실제로 적당량의 음주는 인체에 유익하다. 알맞게 마시면 혈맥을 소통시키고, 어혈을 풀고, 혈액순환을 돕고, 풍을 몰아내고, 냉기를 흩뜨리고, 약 기운을 빨리 돌게 하고, 내장을 활발하게 하고, 근심을 없애고, 피부를 윤택하게 하고, 사기邪氣를 없애주는 작용을 한다. 특히 양기가 쇠퇴해지는 중년 이후에 적당량의 술은 혈액순환을 도와서 오래 살게 하는 약이 될 수 있다.

그래서 『천금요방』 등의 의서에는 많은 약주방藥酒方으로 질병을 치료한 예가 있다. 우슬주牛膝酒로 발이 당기고 오그라드는 병을 치료하고, 독활주獨活酒로 비장병을 치료하고, 부자주附子酒로 복부가 창만한 것을 치료하고, 두충주杜沖酒로 요통을 치료한다는 것이다. 그밖에 일반적으로 건강을 위해서 담그는 약주방은 구기자주, 생지황주, 인삼주, 백출주白朮酒, 산약주山藥酒, 오가피주五加皮酒 등이 있다. 대부분은 약을 담그는 데에는 백주白酒를 쓴다. 『천금요방』에는 '겨울에 약주 두세 제를 복용하고, 입춘이 되면 그친다. 이렇게 종신토록 습관화하면 어떠한 병도 생기지 않는다.'고 한다.

그러나 술에는 뜨거운 성질과 독성을 간직하고 있다. 이때문에 지나친 음주는 건강을 해치고, 질병을 일으키고, 심지어 죽음에 이르게 한다. 명대의 이시진李時珍은 1,892종의 약과 만 개가 넘는 처방을 수록한 『본초강목本草綱目』이라는 유명한 저술을 하였다. 여기에서도 술의 장단점을 다음과 같이 말한다.

술은 하늘이 준 복이다. 적게 마시면, 기혈을 순환시키고, 정신을 진작시키고, 풍한을 막아주고, 근심을 없애고, 즐겁게 한다. 그러나 많이 마시면, 정신이 상하고, 혈血이 소모되고, 위장이 상하고, 정精이 빠져나가고, 담이 생기고, 화火를 동하게 한다. …… 지나치게 마시면, 나라와 집안을 망치고 자기 목숨까지 잃게 되니, 그 해로운 점은 이루 다 말하기 힘들다.

원대의 홀사혜忽思慧는 영양 섭취에 관한 저서인 『음선정요飮膳正要』를 지었다. 여기에서는 '술은 적게 마시는 것은 좋다. 그러나 술을 많이 마시면, 신체가 상하고, 수명이 짧아지고, 사람의 본성을 바꾸는 심한 독이 된다. 과도한 음주는 생명을 잃는 근본이다.'라고 하였다. 이처럼 술은 잘 이용하면 이보다 좋은 약이 없으나, 과음하면 이보다 심한 독이 없다. 그래서 술이 좋다 나쁘다고 단정할 수 없는 음식이다. 그래서 술은 약주가 되도록 알맞게 마셔야 한다. 그러기 위해서는 다음과 같은 주의 사항을 지켜야 한다.

첫째 술은 탁주를 마시지 말고, 오후에 마시고, 적게 마시고, 담백하게 마시고, 천천히 마셔야 한다. 탁주는 뇌를 손상시킨다. 술은 오전에 마시면 그 피해가 매우 크다. 명대의 호문환胡文煥이 편찬한 양생수양의 총서인 『유수요결類修要訣』에는 '술은 묘시를 피하고 술시 이후에 마셔라. 이 원칙을 반드시 지켜라.'라고 하였다. 묘시卯時는 아침 6시 전후를 말하고, 술시戌時 저녁 8시 전후를 말한다. 과음을 하거나, 여러 술을 섞어서 마시면 술에 강한 사람도 건강을 해친다. 급히 마시는 것은 매우 해로운데, 특히 얼굴이 흰 사람에게 더욱 해롭다.

둘째 술을 마셔서 취한 직후에는 음식을 먹지 말고, 차나 음료수 등을 마시지 말고, 성생활을 하지 말아야 한다. 보통 술을 마시고 나서는 갈증이 나서 냉수, 설탕물, 차 등을 많이 마시는데, 이것들이 신장으로 들어가 독수毒水가 되기 때문에 신장에 대단히 해롭다. 『양생요론』에서는 '음주 후에 차를 많이 마시면, 술독을 신장으로 끌어들여서 허리와 다리가 무거워지고, 아울러 담음痰飮이 생기고, 몸이 붓고, 다리를 저는 병 등을 앓게 된다.'고 하였다. 여기서 담음은 몸 안의 진액이 제대로 순환하지 못해서 생기는 모든 병을 말한다. 취한 상태에서 방사하면 정精이 고갈되어 수명이 감소한다.

셋째 술을 깨는 방법은 호흡을 하여 깨는 것이 가장 빠르고 좋다. 다음은 소금물로 양치질하고, 따뜻한 물로 세수하고, 얼굴과 머리를 손으로 여러 번 문지르면 술이 깬다. 오래된 숙취는 땀을 내는 것이 좋다. 술을 많이 마신 다음날에는 콩나물국이나 된장국 등을 먹으며 차를 알맞게 마시는 것도 좋다. 증류주를 마셨을 때는 국수를 먹는 것이 좋으나, 탁주를 마셨을 때는 오히려 기공이 막힌다.

4) 삼가야 할 음식이 있다

『논어』에 나타난 공자의 식생활을 보면 다음과 같다.

밥은 정미한 쌀밥을 좋아하시고, 회는 가늘게 썬 것을 좋아하셨다.

밥이 쉬어 변한 것과 생선이 상한 것과 고기가 부패한 것은 드시지 않으셨다. 빛깔이 나쁘면 드시지 않으시고, 냄새가 나쁘면 드시지 않으시고, 요리가 잘못된 것을 드시지 않으시고, 덜 익은 과일 등을 드시지 않으셨다. 바르게 자르지 않은 고기는 드시지 않으시고, 음식의 간과 양념이 맞지 않으면 드시지 않으셨다. 고기가 많아도 밥보다 많이 드시지 않으셨고, 술은 일정한 양이 없으나 어지러운 지경에 이르지 않게 드셨다. 시장에서 사온 술과 포는 드시지 않으셨다. 생강은 끼니마다 드셨고, 과식하지 않으셨다. 나라에서 제사 지내고 받은 고기는 그날을 넘기지 않으셨고, 집에서 제사지낸 고기는 3일을 넘기지 않으셨고, 3일이 지나면 드시지 않으셨다. 음식을 드시며 말씀하지 않으셨다.

이러한 공자의 식생활은 매우 까다로운 듯도 하고, 어찌 보면 별 의미도 없는 듯하다. 그러나 이천여 년 전의 한 성인의 식생활을 유교의 대표적인 경전에 실은 까닭은 여기에 큰 의미가 있기 때문이다. 그것은 성인은 바른 식생활을 하였다는 것이다. 즉, 아무거나 함부로 먹지 않고, 바른 것만 먹고, 과식하지 않았다는 것 등이다. 실제로 공자의 삶도 심신이 건강하게 장수했다.

공자와 같은 성인의 삶이 아니라도, 바른 삶 또는 양생을 위해서는 삼가야 할 음식이 많다. 그것은 앞에서 언급한 고량후미를 많이 먹지 않는 것이고, 차와 술을 많이 마시지 않는 것이다. 그러나 양생에서 특별히 금지하는 것은 그것이 의학적으로 인간에게 해롭기 때문이다. 금기해야 할 대표적인 것은 담배다. 담배에 대해서는 너무 많은 정보가 있기 때문에, 여기서는 논의하지 않겠다. 단 담배를 피우면서 양생을 논하기는 어려운 듯하다.

다음의 금기 식품은 고기다. 고기는 앞에서 고량후미에 속하기 때문에 금기해야 할 것이라고 하였다. 그러나 여기서는 그보다 더욱 해로운 고기가 있다. 손사막은 모든 들짐승이나 날짐승의 고기를 먹지 말라고 한다. 오랜 역사 동안에 인간이 사육하지 않은 까닭은 그것들 대부분이 인간에게 이롭지 않기 때문이다. 의학적 관점으로 보면 이것들의 체온은 인간보다 높기 때문에, 이것들의 지방이 인체에 들어오면 끈적끈적하게 굳어진다. 가급적이면 인간이 사육하지 않은 멧돼지와 같은 들짐승, 꿩과 같은 날짐승 등의 고기를 먹어서는 안 된다.

가축 중에서는 조열燥熱한 개고기, 풍독風毒이 있는 거위, 열이 많은 수탉고기, 고량후미에 해당하는 지방덩어리, 간과 뇌와 알의 노른자 등도 삼가야 한다. 생선 중에서는 풍을 일으키는 게나 새우와 같은 갑각류, 산화가 잘되는 연어나 참치 같은 붉은 살 생선, 고등어나 꽁치 같은 비늘이 없는 생선, 비린내가 몹시 나는 생선 등은 삼가야 한다. 뱀이나 개구리와 같은 파충류 등도 먹어서는 안 된다. 이들 대부분은 진액을 손상시키고, 기를 막거나 산란하게 하고, 정을 빼내간다. 그리고 모든 고기는 익혀서 식기 전에 먹어야하며, 날것인 회膾로 먹어서는 안 된다.

다음에 금기하는 대표적인 야채는 그 성질이 너무 뜨겁고 자극적인 파, 마늘, 부추, 달래 등의 오신채五辛菜다. 이 오신채는 고대부터 인체에 해로운 것으로 알려졌고, 대부분의 종교에서도 금기하는 식품이다. 그런데 현대에는 이것들이 암 등에 좋다고 많이 먹으라고 권장한다. 그러나 오래 먹으면 몸 안에 열독이 쌓이고,

기가 산란해지고, 정을 빼내서 크게 해롭다.

　이와 반대로 성질이 차가운 각종 날 야채나 과일을 많이 먹어서는 안 된다. 모든 야채는 익히거나 발효해서 먹어야 한다. 과일은 완전히 익은 것만을 알맞게 먹어야 한다. 쌀 등의 오곡도 반드시 익혀서 따뜻할 때 먹는 것이 좋다.『금궤요략』등의 많은 의서에서는 날 야채와 날고기를 먹지 말라고 한다. 왜냐하면 대부분의 날 것은 비위를 손상시키고, 기를 산란하게 하고, 정을 빼내기 때문이다.

　일반적인 음식에서 가장 삼가야 할 것은 기름에 튀긴 음식이다. 특히 튀긴 지가 오래된 음식이나, 한 번 사용한 기름을 다시 사용하여 튀긴 음식은 맹독성이 있다. 다음은 견과류나 곡식 등의 껍데기를 깐 지가 오래되어 산화된 음식이다. 까놓은 지 오래된 호두나 잣 등이 여기에 해당된다. 특히 묵은 밀가루는 열과 독이 있고 염증과 풍을 일으킨다. 한번 열을 가해서 조리한 지 오래된 음식도 삼가야 하는데, 특히 시중에서 판매되는 과자, 빵, 라면과 같은 인스턴트식품은 더욱 삼가야 한다. 이와 마찬가지로 냉동시켜서 오래 보관한 각종 육류 등의 식품도 바람직하지 않다.

　현대에는 외국과의 왕래가 쉬워져서 우리 풍토와는 전혀 다른 지역에서 생산된 식품이 들어오는데, 이것들의 대부분은 우리의 체질에 맞지 않는다. 예를 들면 사막에서 자란 선인장은 그 안에 습기를 간직하는 성질이 강하고, 열대에서 자란 과일은 그 안에 냉기를 간직하는 성질이 강하다. 그렇기 때문에 우리의 습한 기후나 추운 기후에 적응된 우리 몸에는 해로운 음식이 된다. 그래서 음식은 자기가 사는 지역에서 생산된 것이 좋다. 신토불이身土

不二는 이때문에 나온 말이다.

다음은 온상이나 냉장고 등의 발달로 제철에 나지 않은 음식을 먹을 수 있는데, 이는 우리 기후에 적응된 몸에 맞지 않다. 예를 들면 겨울에 여름 채소인 상추나 오이 등을 먹을 수도 있다. 그런데 이 채소는 더위에 적응하기 위해서 그 속에 냉기를 간직하고 있기 때문에, 추운 겨울에 먹으면 당연히 몸에 해롭다. 그래서 음식은 노지에서 재배된 제철의 음식을 먹는 것이 좋다.

특히 현대인에게 경계해야 할 것은 각종 화학약품이다. 현대에는 곡식이나 고기 등을 생산하고, 가공하고, 유통하고, 보관하기 위해서 사용되는 수백 종의 화학약품을 사용한다. 그래서 현대인은 알게 모르게 농약이나 방부제 등의 독약은 물론이고, 항생제, 성장 호르몬, 유전자 변형 등의 화학약품을 먹고 있다. 옛 사람들과 달리 현대인의 양생의 관건은 이와 같은 각종 화학약품을 얼마나 적게 섭취하는가에 달려있다.

다음은 찬 음식을 먹지 말아야 한다. 『천금익방』에서는 '뜨거운 음식은 뼈를 상하게 하고 차가운 음식은 폐를 상하게 한다. 음식이 따뜻해도 입을 데일 정도는 좋지 않고, 차가와도 입이 시려서는 안 된다'고 한다. 그러면서 '질병이 많은 노인은 대부분 젊었을 때, 봄과 여름에 몸을 너무 서늘하게 하였고, 음식을 너무 차게 먹어서 병이 든 경우가 많다.'고도 하였다. 『수세보원』에서는 '어느 계절이든 음식은 항상 따뜻하게 먹어야 한다. 특히 여름에는 음기가 안에 잠복되어 있기 때문에 더욱 따뜻하게 먹어야 한다.'고 하였다. 현대인들에게는 냉장고에 보관된 찬 음식, 아이스크림을 비롯한 모든 청량음료 등을 삼가야 한다.

『양성연명록』에서는 음식의 온도에 따라 먹는 순서를 다음과 같이 제시하였다. 참고할 만하다.

음식을 먹을 때에는 먼저 뜨거운 것부터 먹기 시작하여 따뜻한 것 그리고 차가운 것 순서로 먹어야 한다. 뜨겁고 따뜻한 것을 다 먹고 난 뒤에 만약 찬 음식이 없으면, 냉수를 한 두 모금 마시는 것이 좋다. 이 순서를 항상 잘 기억하는 것이 양성의 요체다.

5) 오미의 조화를 맞춰야 한다

한의학에서 음식은 영양가가 무엇인가를 따지지 않고, 그 기가 어떠한가를 따진다. 이 말은 어떤 음식이 탄수화물, 단백질, 지방, 비타민 등이 어느 정도 들어있는가를 따지는 것이 아니라, 그 성미性味가 무엇인가를 따지는 것이다. 여기서 성미란 맛의 성질을 말한다. 맛은 다섯 가지로 신맛, 쓴맛, 단맛, 매운맛, 짠맛이다. 이 다섯 가지 맛은 각각 그 기의 속성이 달라서 들어가는 장기가 다르다. 신맛은 목기木氣로 간으로 가고, 쓴맛은 화기火氣로 심장으로 가고, 단맛은 토기土氣로 비장으로 가고, 매운맛은 금기金氣로 폐로 가고, 짠맛은 수기水氣로 신장으로 간다.

이처럼 어떠한 영양소가 어떻게 작용하는 것이 아니라, 어떠한 맛의 음식의 기가 어떤 장기로 들어간다는 것이다. 한의학의 입장에서 보면 영양이 아닌 맛의 기氣로 생명 활동을 하는 것이다. 그래서 『음선정요』에서도 '오미로써 오장을 조화시켜야 한다. 오장이 화평해지면, 기혈이 왕성해지고 정신이 맑아지고 마음이 안정되어 어떠한 사기邪氣도 들어올 수 없으며, 한서가 침입하지 못하므로 즐겁고 편안하다.'고 하였다. 「소문」에서도 '오미가 잘 조화되도록 유의하면, 뼈가 바르고, 근육이 부드럽고, 기혈이 잘 순환하고, 피부가 튼튼해진다. 이처럼 뼈, 근육, 기혈, 피부가 정精으로 가득 차니, 신중하게 양생의 법도를 본받으면 천수를 누릴 수 있다.'고 하였다. 즉, 다섯 가지 맛은 그에 상응하는 각각의 다섯 장기로 들어가기 때문에, 건강을 위해서 다섯 가지 맛의 조화를 이루라는 것이다.

이처럼 음식의 맛은 생명을 기른다. 그러나 모든 것이 그러하듯이 그 맛도 지나치거나 부족하면 도리어 해가 된다. 「소문」에서는 '오장의 음정陰精의 생성은 다섯 가지 맛을 근원으로 한다. 그러나 음정을 저장하는 오장을 손상하는 것도 또한 다섯 가지 맛의 과도함 때문이다.'라고 하였다. 즉, 어느 한두 가지의 맛만 지나치게 섭취하면, 오장의 균형이 깨져서 질병을 일으킬 수 있다는 것이다. 『천금요방』에서는 '만약 음식의 기氣가 상반되면 정精을 손상시키고, 음식의 맛이 조화롭지 못하면 형체를 손상시킨다.'고 하였다. 「소문」에서는 이러한 상태를 오행의 관계로 다음과 같이 말한다.

짠맛의 음식을 많이 섭취하면, 신장의 기가 너무 왕성해져서 심장을 억제한다. 그래서 혈맥의 흐름이 나빠지고 얼굴색이 변한다. 쓴맛의 음식을 많이 섭취하면, 심장의 기가 너무 왕성해져서 폐를 억제한다. 그래서 피부가 거칠어지고 머리카락이 빠진다. 매운맛의 음식을 많이 섭취하면, 폐의 기가 너무 왕성해져서 간을 억제한다.

그래서 근육이 땅기고 손톱이 거칠어진다. 신맛의 음식을 많이 섭취하면, 간의 기가 너무 왕성해져서 비장을 억제한다. 그래서 살에 옹이가 생기고 입술이 튼다. 단맛의 음식을 많이 섭취하면, 비장의 기가 왕성해져서 신장을 억제한다. 그래서 골절이 아프고 약해지고 머리카락이 많이 빠진다.

이처럼 오미의 조화를 잃으면, 먼저 그 맛이 가는 장기가 상하고 그 다음에는 그 장기가 극剋을 하는 장기가 상한다. 예를 들면 짠맛은 수기水氣로 먼저 신장으로 가고, 다음에 수극화水剋火하여 화火의 장기인 심장을 상하게 한다는 것이다.

반면에 이러한 오행의 상생상극의 관계를 역이용해서 오미의 조화를 맞출 수도 있다. 예를 들어 수기인 짠 음식을 많이 먹었을 경우에는 토기인 단맛의 음식을 먹으면 중화된다. 이 이치는 단맛의 토기가 짠맛의 수기를 극剋, 즉, 억제하기 때문이다. 마찬가지로 지나치게 단 음식에는 신맛, 지나치게 신 음식에는 매운맛, 지나치게 매운 음식에는 쓴맛, 지나치게 쓴 음식에는 짠맛으로 어느 정도 조화를 맞출 수 있다. 이러한 맛의 조화법은 음식의 조리에도 응용할 수 있다.

이 다섯 가지 맛과 마찬가지로, 음식에는 다섯 가지 기로 분류되는 곡식, 과일, 가축 등이 있다. 목기로 간으로 들어가는 것은 보리, 오얏, 닭이다. 화기로 심장으로 들어가는 것은 수수, 살구, 양이다. 토기로 비장에 들어가는 것은 기장, 대추, 소다. 금기로 폐로 들어가는 것은 쌀, 복숭아, 말이다. 수기로 신장에 들어가는 것은 콩, 밤, 돼지다.

여기에 열거하지 않은 많은 모든 음식도 각각의 기가 다르고, 오장에 미치는 영향 또한 다르다. 그 구분은 위에서 설명한 바처럼 그 맛에 있다. 다음의 구분 방법은 그 냄새에 있다. 누린내는 간으로, 탄내는 심장으로, 단내는 비장으로, 비린내는 폐로, 썩은 내는 신장으로 들어간다. 그 다음 구분 방법은 색에 있다. 푸른색은 간장으로, 붉은색은 심장으로, 노란색은 비장으로, 흰색은 폐장으로, 검은색은 신장으로 들어간다. 그래서 특정한 맛이나 향 또는 색이 지나치게 강한 것은 삼가야 한다. 이러한 것들은 그 기가 지나쳐서 독으로 작용할 수도 있기 때문이다. 아주 훌륭한 음식은 맛도 냄새도 색도 있는 듯 없는 듯한 것이다. 이러한 음식은 오미가 잘 조화된 것이기 때문이다.

이상과 같이 각각의 음식은 기가 다르기 때문에, 특정한 하나의 음식만 편식해서는 안 된다. 「소문」에서는 '다섯 가지 곡식으로 영양하고, 다섯 가지 과일로 보조하고, 다섯 가지 가축으로 보익하고, 다섯 가지 채소로 보충하여 기미氣味를 조화롭게 섭취하면, 정을 보양하고 기를 보충하게 된다'고 한다. 이 말은 곡식, 과일, 육류, 채소 등을 골고루 섭취하라는 의미이다.

그러나 타고난 체질이나 질병이 다르고, 계절이나 환경에 따라서 섭취할 기가 다르기 때문에, 반드시 누구나 골고루 음식을 섭취하는 것이 바람직한 것만은 아니다. 훌륭한 의사의 조언이 있으면 좋으나, 없어도 상관없다. 왜냐하면 대체로 자기가 필요한 영양 또는 기는 본능적으로 좋아하게 되므로, 지나치지 않고 자연스럽게 당기는 음식을 알맞게 섭취하면 된다.

6) 때에 맞춰 먹어야 한다

음식양생에서 지켜야 할 중요한 것 중의 하나가 때에 맞춰 먹는 것이다. 여기서 때에 맞춘다는 것은 아침, 점심, 저녁의 식사 시간이 일정해야 한다는 것이다. 음식을 소화하거나 흡수하는 내장도 일정한 리듬이 있기 때문에, 식사 시간이 일정해야 한다. 『여씨춘추』에는 '식사 시간이 일정하게 정해져 있으면, 병 등의 재액이 따르지 않는다.'고 한다. 보통 하루에 세끼 식사를 할 경우에는 5~6시간 정도의 간격을 두고 일정한 시간을 정해서 하는 것이 좋다.

그러나 계절의 음양에 따라서 시간을 조금 변경해도 좋다. 즉, 봄여름에는 아침을 일찍 먹고 저녁은 좀 늦게 먹으며, 가을은 아침저녁 모두 일찍 먹으며, 겨울은 아침을 늦게 먹고 저녁은 일찍 먹는 방법이다. 그러나 어느 계절이든 일찍이라도 해가 뜬 후가 좋고, 늦게라도 해가 지기 전이어야 좋다. 음식을 소화 흡수하는 것은 양陽이 많은 낮에 주로 이루어지기 때문이다.

식사시간을 오장육부의 활동에 따라서 조금 더 세분화하면 더욱 이롭다. 음식을 소화 흡수하는 비장과 위장이 활동하는 시간은 진사시辰巳時 즉, 오전 7:30~11:30이다. 이때 음식을 섭취하는 것이 몸에 가장 이롭다. 진사시 이외에 음식을 섭취해도 무방한 시간은 심장과 소장이 혈액을 운반하고 영양을 흡수하는 오미시午未時 즉, 오전 11:30~오후 3:30이다.

이 이후의 시간에는 신장이 활동하거나, 심신이 휴식을 취하는 시간이다. 그래서 저녁이나 밤에 많이 먹는 것은 대단히 해롭다. 『음선정요』에서는 '저녁에 배부르게 먹고 곧바로 누우면 온갖 병이 생기고, 소화가 안 되며 적취積聚가 생긴다.'고 한다. 많은 수행에서 오후에 먹지 않는 오후불식午後不食을 강조하는 것은 이때문이다. 그래서 '신선은 진시에 드시고, 부처는 사시에 공양하고, 짐승은 저녁에 많이 먹고, 귀신은 밤에만 먹는다.'는 말도 전해진다.

그러므로 아침과 점심은 많이 먹어도 좋으나, 저녁이나 밤에는 많이 먹어서는 안 된다. 굳이 저녁을 먹는다면 소화가 잘되고 위에 부담을 주지 않는 것으로 아주 조금 먹는다. 왜냐하면 심신이 휴식을 취하는 밤에는 위장이 비어 있어야 한다. 반면에 비위 기능이 활동하는 아침은 꼭 먹어야 한다.

때에 맞춰 먹어야 하는 것 중의 또 다른 하나는 마시는 것을 오전 오후로 구분하는 것이다. 오전에는 양이 왕성한 시간이므로, 음인 마시는 수분 섭취는 안 하는 것이 좋다. 더욱이 비위는 물을 싫어하기 때문에, 비위가 활동하는 오전에는 국물이 있는 음식과 물이나 차 등을 마시지 않는 것이 좋다. 굳이 마신다면 식후 두 시간 이후에는 조금 마신다. 반면에 음이 왕성한 오후에는 양인 씹어 먹는 것을 적게 하고, 음인 마시는 것을 많이 한다.

먹고 마시는 시간을 좀 더 세분하면, 비록 오후지만 화기가 왕성한 미시(未時 3:30)까지는 수분 섭취를 많이 하지 않는 것이 좋다. 그 이후 수기인 신장이 활동하는 신유시(申酉時 3:30~7:30)까지는 충분히 수분 섭취를 하는 것이 좋다. 때로는 심신이 휴식을 취하는 시간인 술시(戌時 9:30)까지 수분 섭취를 해도 좋다. 차와 술도 오후에 마시는 것이 좋다. 단 차는 정신을 맑게 하기 때문에, 밤에 마시면 숙면할 수 없다. 오후에는 조금 마신다. 특히 술은 오전에 마시면 화기가 머리로 올라서 매우 해롭다. '해장술에 취하면 애비도 모른다.'는 말은 이때문에 생겼다. 가급적 오후에 마시고, 자정을 넘겨서는 안 되고, 다음날까지 취할 정도로 마셔서도 안 된다.

때에 맞춰 먹는 것에는 간식하지 않는 것이 중요하다. 인간의 오장육부도 일을 하고나면 휴식을 취해야 한다. 특히 육부인 위장, 십이지장, 소장, 대장 등은 두서너 시간 활동을 하고 나면, 일정기간 휴식이 필요하다. 그러나 간식을 하면 그러한 휴식시간이 없게 되어 내장이 병이 든다. 더욱이 간식을 하면 먼저 들어간 소화된 음식과 새로 들어온 음식이 섞이게 된다. 그러면 일부는 소화되지 않은 음식이 그대로 십이지장을 통해서 내려간다. 이러할 때 완전한 흡수나 배설에 장애가 오고, 내장은 손상된다. 그래서 어린아이의 이유식이나 노인의 특수한 영양식이 아니면, 음식은 하루에 세끼로 나누어 먹고 간식은 하지 말아야 한다.

7) 식생활의 절도를 지켜야 한다

식생활은 생명을 유지하기 위한 근본 행위다. 따라서 잘 살고자 한다면 이것을 매우 소중하게 여겨야 하고, 바른 법도를 지켜야 할 것이다. 이러한 법도에 대해 『양성연명록』에서는 다음과 같이 말한다.

온갖 병에 걸리거나 갑자기 요절하는 것은 대부분 음식 때문이다. 음식으로 생기는 질환은 여색보다 더 심하다. 여색은 몇 년씩 끊을 수 있으나, 음식은 단 하루도 끊을 수 없기 때문이다. 음식을 절도 있게 먹으면 수명을 더하나, 음식에 절도가 없으면 재앙을 부른다.

「소문」에서도 '음식을 먹는 데에는 절도가 있어야 한다. …… 그렇게 함으로써 몸과 마음이 함께 건강하여 천수天壽를 다하여 백세를 넘게 살 수 있다.'고 한다. 식생활의 절도는 앞에서 언급한 '적게 먹고 적게 마시고, 담백하게 먹고, 차와 술을 많이 마시지 않고, 삼가서 먹고, 오미를 조화시키고, 때에 맞춰 먹는 것' 등이 모두 포함된다. 여기서는 이러한 것들을 제외한 식생활의 태도를 중심으로 살펴본다.

먼저 식사는 바른 자세로 해야 한다. 『여씨춘추』에서는 '식사는 반드시 맛있게 먹고, 기분은 부드럽게 하고, 자세는 바르게 해야 한다. 그러면 신기神氣가 전신에 퍼져서 기쁘게 양분을 받아들인다. 마시는 것은 반드시 조금씩 그리고 구부리지 말고 바른 자세로 마셔야 한다.'고 하였다. 허리를 곧게 펴고 바르게 앉아서 식사를 해야 한다. 머리를 밥그릇에 대듯이 숙이고 먹거나 삐딱하게 앉아서 먹어서는 안 된다.

다음은 오래 씹고 천천히 먹고 마신다. 『수세보원』에서는 '몹시 갈증이 나더라도 함부로 마시지 말고, 몹시 허기져도 마구 먹지 말아야 한다.'고 하였다. 이는 음식은 여유 있게 천천히 먹어야지 급하게 먹거나 마셔서는 안 된다는 것이다. 청나라 심자복沈子復이 저술한 『양병용언養病庸言』에서는 비록 죽을 먹어도 오래 씹어서 삼키라고 한다. 이것은 소화만을 위한 것은 아니다. 먹는다는 본능적인 행위를 통해서 자신을 바르게 하고 여유를 갖는 것은 훌륭한 수행법의 하나가 되기 때문이다. 『수경집水鏡集』이라는 관상서에는 '밥을 꼭꼭 씹어 먹는 자는 자상하고, 길한 징조다. 반면에 밥을 포악하게 먹는 자는 성격이 난폭하고, 수명을 재촉할 상으로 흉한 징조다.'라고 한다. 의학적으로는 씹는 행위가 뇌를 발달시키고, 그때 나오는 침에 면역물질이 많다고 밝혀졌다.

식사할 때는 식사에만 전념해야 한다. 식사를 하면서 무엇을 보거나, 생각하거나, 말을 해서는 안 된다. 음식을 소화 흡수하는 기관인 비위는 생각을 하거나 분노하면 손상된다. 『천금방』에서 식사할 때 꾸짖지 말라고 한 것은 이때문이다. 『논어』에서 공자는 식사할 때 말하지 않았다고 하는데, 이는 식사에만 전념했다는 것이다. 단 비위는 음악을 좋아하기 때문에, 식사 중에 편안한 음악을 듣는 것은 오히려 소화 흡수에 도움이 된다.

식사를 마치고는 앉거나 눕지 말고, 산보하는 것이 좋다. 『수세보원』에서는 '식후에 바로 누우면, 폐기肺氣 두풍頭風 중비中痞의 질환을 앓게 되는데, 영위가 불통하고 기혈이 옹체되기 때문이다.'라고 한다. 『천금익방』에서는 '배부르게 먹고 바로 누우면 온갖 질병이 생긴다.'고 하면서, '식사를 마치고 걸음을 걷되 머뭇거리듯이 천천히 걸으면 장수한다.'고 한다. '식후에 100보를 걸으면, 99세를 산다.'는 속담도 있다. 식후에는 항상 걸으면서 손으로 배를 문지르고, 숨을 크게 마시고 길게 내쉬면 소화가 잘된다. 배를 문지르는 방법은 손을 비벼서 따뜻한 손바닥으로 배를 시계 방향으로 문지르는 것이다. 또한 식후에 급히 걷거나, 일을

하거나, 차를 타거나, 과격한 감정의 자극이 있으면, 내장이 손상
한다. 식후에는 산보 등을 하면서 반시간 이상 휴식을 취하는 것
이 좋다.

4. 기거양생

기거起居란 일상생활을 의미한다. 따라시 기거양생은 삶의 모든 과정에 대한 양생일 수도 있다. 그러나 이 장에서는 주거환경, 수면 방법, 노동과 운동, 휴식, 위생 등에 관해서만 살펴보고자 한다.

「소문」에서는 '상고시대에 도를 아는 사람은 …… 음식을 절도 있게 먹고, 기거가 규칙적이고, 지나치게 과로하지 않았다. 이 때문에 몸과 마음이 모두 건강하여 천수를 다 누리고, 백세가 넘어야 세상을 떠났다.'고 한다. 또 이르기를 '생명의 즐거움을 거스르고 기거가 무절제하면, 50세에 노쇠하게 된다.'고도 하였다. 『천금익방』에서는 '걷고, 서고, 앉고, 눕고, 말하고, 웃고, 잠자고, 먹는 등의 행위가 도리에 어긋남이 없으면, 장수할 수 있다.'고 한다.

이렇듯이 일상생활의 하나하나가 생명에 영향을 준다. 더욱이 이 작은 것들이 버릇이 되어버리면, 이것이 바로 인간생명의 수요장단을 결정한다. 이 장에서는 일상생활에서의 옛 양생법을 살펴본다.

1) 사는 마을이 좋아야 한다

기거양생의 첫째는 사는 곳의 중요성이다. 고대부터 주거환경은 매우 중요한 문제였다. 기원전 3세기경의 『석서釋書』에는 '택宅은 택擇이다. 길吉한 곳을 택擇해서 살아야 한다.'라고 하였다. 이 말은 사람이 사는 주택住宅은 좋은 곳을 선택選擇해서 살라는 의미다. 전국시대의 『순자荀子』에도 '마을을 골라서 거처할 자리를 잡아야 한다.'고 하였다. 공자도 '어진 곳을 가려 살지 않으면 어찌 지혜롭다고 하겠는가.'라고 하였다. 보통 주택을 제이의 자궁이라고 한다. 이는 주거환경이 바로 후천적인 인간의 건강, 성격, 운명 등에 많은 영향을 주기 때문이다. 『회남자』에는 토질에 따라서 거기에 거주하는 사람의 건강, 질병, 미추 등이 다르다고 하였다. 죽림칠현의 한 사람인 혜강嵇康의 『난택무길흉섭생론難宅無吉凶攝生論』이라는 저서에는 마을이나 주택의 위치, 가옥의 배치, 경관 등이 거기에 사는 사람의 길흉화복에 영향을 준다고 하였다.

이러한 관점에서 형성된 사상이 동양의 풍수지리風水地理다. 이 풍수지리의 요체는 천지인상관적기론天地人相關의氣論이다. 이 말은 태양이나 공기 등의 하늘과 산의 모양이나 물 등의 땅과 사람은 서로 밀접한 관련이 있다는 기이론氣理論이다. 이러한 이론은 동양에만 한정된 것은 아니다. 서양의학의 아버지라고 불리는 히포크라테스와 같은 의사도 장소에 따라 질병에 좋은 곳과 나쁜 곳이 있다고 하였다. 그리스 철학자 플라톤은 서양풍수의 창시자라 할 만큼 바람, 태양, 물, 토양 등을 중시하였다.

그러면 어느 곳이 좋은 곳인가. 의사 손사막은 주거지는 '뒤로는 산을 등지고 앞으로는 물이 흐르며, 공기는 맑고 상쾌하며, 토지는 비옥하고 샘물이 맑으며, 주위 경관이 아름다워야 한다.'고 하였다. 그러면서 산림이 울창한 곳, 산세 등이 잘 어우러진 곳 등의 조건이 갖추어진 곳이 길지吉地라고 하였다. 이러한 조건을 구체적으로 살펴보면 다음과 같은 곳이다.

첫째는 고도가 높은 곳이어야 한다. 보통 사람이 사는 곳은 비산비야非山非野라고 한다. 즉, 사람이 사는 마을은 평지도 아니고 산도 아닌 중간이어야 한다는 것이다. 그러나 장수만을 생각한다면 고도가 높은 곳이 좋다. 「소문」에는 '고지대의 사람은 장수하고 저지대의 사람은 일찍 죽는 자가 많다. 지세에는 고저의 차이가 있는데, 지세의 차이가 작으면 수명의 차이도 작고, 지세의 차이가 크면 수명의 차이도 크다.'고 하였다.

이러한 까닭은 지세가 높은 곳은 기후가 한랭하여 음정陰精을 간직하기에 쉽기 때문에, 그 수명이 길다는 이론이다. 현실적으로도 고산지대는 일조량이 풍부하고, 공기가 맑고, 기후가 청량하다. 또한 멀리 볼 수 있어서 작은 것에 얽매이지 않는 심리적인 여유를 가질 수 있다. 한자의 의미로 보면, 사람[人 : 사람 인]이 높은 산[山 : 메 산]에 살면 신선[仙 : 신선 선]되고, 사람[人]이 낮은 계곡[谷 : 계곡 곡]에 살면 속인[俗 : 속될 속]이 된다는 것이다. 적어도 양생을 바르게 하려면, 조금은 높은 곳에서 살아야 한다.

일반적으로 논의되는 나쁜 곳은 지대가 낮은 곳이다. 그 중에서도 탁기나 오염된 공기가 빠져나가지 못하고 모이는 접시 같은 움푹 들어간 분지 형태다. 또한 산속의 계곡처럼 물과 바람이 빠져나가는 곳이다. 이러한 바람을 살풍殺風이라 한다. 현대의 도시에서는 낮은 지역과 아파트 단지의 저층이 이에 해당된다.

둘째는 배산임수背山臨水가 되어야 한다. 택지는 산을 등지고 물이 앞에 흘러야 한다는 것이다. 움직이지 않는 산은 음이고, 움직이는 물은 양이다. 음을 등지고 양을 앞에서 맞이할 때 심신이 편안하다. 풍수의「양택삼요결陽宅三要訣」에는 배산임수의 지세에서는 건강하고 장수한다고 한다.

그러나 산을 등지나 절벽 아래는 안 되고, 물이 앞에 있어야 하나 시내, 강, 호수, 바다 등이 너무 가까이 있는 것은 나쁘다. 현대의 도시에서는 뒤에 언덕이나 큰 건물이 있고, 앞쪽에 물 대신에 길이 있는 것이 좋다. 그러나 도로가 큰 대로이거나 집보다 높은 고가도로는 나쁘며, 집 뒤에 도로가 있는 것 역시 나쁘다.

셋째는 전저후고前低後高여야 한다. 배산임수와 비슷하나, 물이나 길과는 관계없이 앞뒤의 높이만을 문제로 삼는다. 즉, 주택의 뒤는 높고 주택의 앞은 낮아서 전망이 넓게 펼쳐져야 한다. 「양택삼요결」에 전저후고에서는 출세하고 영웅이 나온다고 한다.

택지의 앞산인 안산이 가까이에서 너무 높거나, 택지의 뒤가 낮은 것은 나쁘다. 남향집을 짓는다고 앞이 높고 뒤가 낮거나 물이 흐르면 좋지 않다. 높은 곳에 사는 것이 좋다고 하였으나, 높아도 산봉우리와 같이 뒤에 기댈 곳이 없는 곳은 좋지 않다. 또한 고도가 높아도 주위가 모두 높은 산으로 둘러 쌓여있는 분지나 계곡은 좋지 않다. 현대의 도시에서는 주택 뒤의 건물은 높고 주택 앞의 건물은 낮은 것이 좋다. 아파트가 밀집되어 있을 경우에는 너무 낮은 층은 앞이 막혀서 답답하여 나쁘다. 뒤를 다른 건물로 막아주는 곳이면 약간 높은 층이 좋다.

넷째는 장풍득수藏風得水가 되어야 한다. 살풍殺風을 막아서 기가 잘 보호되어야 하고, 물을 받아들여야 한다는 것이다. 우리나라의 경우에는 서쪽이나 북쪽 특히 서북쪽에서 불어오는 바람이 흉풍에 해당된다. 그래서 택지의 서, 서북, 북쪽은 높아야 하고 동, 동남, 남쪽은 낮아야 한다. 또한 햇빛도 오후보다는 오전의 햇살이 유익하기 때문에 동, 동남, 남쪽이 낮고 트여야 좋다. 그리고 물이 택지 쪽으로 휘감는 것은 좋으며, 곧바로 들어오거나 빠져나가는 것이 보이는 것은 나쁘다.

현대의 도시에서는 자기 집의 서, 서북, 북쪽에 약간 높은 건물이 있고, 동, 동남, 남쪽에는 높은 건물이 없는 것이 좋다. 길은 주택을 향해서 직선으로 뚫린 것은 좋지 않으며, 집을 감싸는 듯한 것이 좋다. 사방이 길이거나, 막다른 골목의 집은 나쁘다.

이러한 조건의 마을에서 주택이 들어선 토질은 양토질良土質이어야 한다. 양토질이란 택지의 땅이 좋은 흙이어야 한다는 것이다. 우선은 구덩이나 연못이나 논 등을 다른 흙으로 덮은 매립지가 아닌 생땅이어야 한다. 토질은 물이 빠지지 않는 진흙이거나, 물기가 전혀 없는 모래이거나, 완전히 바위나 자갈 등은 나쁘다. 다음은 수맥이 지나지 않는 곳이어야 한다. 수맥을 찾는 일은 전문가의 도움을 받아야 하나, 일반인도 어느 정도 알 수 있다. 기존의 건물에 균열이 난 집, 습기가 많은 땅, 계곡으로 이어진 땅 등은 대부분 수맥이 지나간다.

택지 주위에는 절벽, 고목나무, 온천, 강, 바다, 호수, 묘지, 사당, 사찰 등이 없어야 한다. 현대에는 택지 바로 옆에 교회, 큰

병원, 교도소, 관공서, 군부대, 큰 빌딩, 큰 도로, 고가도로, 큰 공장 등이 없어야 한다. 물론 공기오염이나 소음 등의 공해가 없는 곳이어야 한다.

주택의 좌향은 지세가 서북쪽이 높고 동남이 낮아서 동향, 동남향, 남향집이면 누구에게나 좋다. 반면에 지세에 따라서 북향, 서북향, 서향집은 개인에 따라서 좋을 수도 있고 나쁠 수도 있다. 가장 안 좋은 집은 서남향과 동북향의 집이다.

2) 집은 단아해야 한다

인상人相처럼 가상家相에도 허실이 있다. 많이 알려진 오허오실은 다음과 같다. 나쁜 오허五虛는 집은 큰데 식구가 적은 것, 대문은 큰데 집이 작은 것, 창문이나 담장이 바르지 않은 것, 우물이나 부엌이 제자리에 없는 것, 대지는 넓은데 건물이 작은 것이다. 반면에 좋은 오실五實은 집은 작은데 식구가 많은 것, 집에 비해 문이 작은 것, 담장이 반듯한 것, 집은 작은데 가축이 많은 것, 물이 동남쪽으로 흐르는 것이다.

집은 작은 듯한 것이 좋다. 반면에 식구에 비해서 집이 너무 큰 것이 제일 안 좋다. 손사막은 『천금방』에서 주택은 '너무 화려해서 탐욕에 끝이 없게 해서는 안 된다. …… 반드시 단아하고 소박하고 정결해야 한다.'고 하였다. 당대의 도사道士였던 사마승정司馬承禎이 쓴 『천은자양생서天隱子養生書』에서 무엇이 좋은 거처인가라고 자문하면서 '화려하고 큰집이나, 두꺼운 요와 넓은 침대를 이르는 것이 아니다. 남쪽을 향하여 앉고 동쪽으로 머리를 두고 자며, 음양이 조화롭고 밝기가 적당해야 한다. …… 도를 배우는 자는 편안한 거처를 두 번째로 삼는다.'라고 하였다. 빈방이 남아돌거나, 식구는 적은데 집이 너무 크면 나쁘다. 보통 말하기를 큰집을 의미하는 옥(屋 : 집 옥)은 시신(尸 : 시체 시)이 들어온다(至 : 이를 지)는 의미이고, 작은집을 의미하는 사(舍 : 집 사)는 사람(人 : 사람 인)이 길(吉 : 길할 길)하다는 의미이다.

집은 단아해야 한다. 지붕이나 옥상은 단아하고 깨끗해야 한다. 지붕의 모양이 산만하거나, 옥상에 많은 것들을 놓아서 지저분하면 안 된다. 지하실은 집 가운데나 침실 바로 아래에 있는 것은 좋지 않다. 이층집인 경우에 계단은 밖으로 난 것은 좋으며, 실내에 있는 것은 좋지 않다. 그 중에서도 집안의 정 중앙에 있는 것은 나쁘다. 연못이나 우물이나 수도는 정남쪽에 있는 것은 나쁘다. 실내에 있는 수족관도 여기에 해당된다. 정원이 집안에 있는 것은 좋다. 정원수는 지붕보다 높이 자라면 나쁘며, 등나무, 포도덩굴, 덩굴장미 등과 같이 꼬이거나 엉키는 나무는 정원수로 적합하지 않다.

대문 또는 현관문은 집과 어울려야 한다. 깨끗하고 밝아야 하나, 너무 크거나 화려해서는 나쁘다. 대문은 집 중앙에서 보아 동쪽, 동남쪽, 남쪽에 있는 대문이 좋다. 대문은 안으로 열리는 것이 좋다. 대문은 화장실이나 주방과 마주보지 말아야 한다. 대문, 현관문, 방문 등이 일직선으로 있는 것은 나쁘며, 같은 방향으로 여닫게 되는 것도 나쁘다. 두 집 대문이 직각으로 똑바로 마주하면, 반드시 어느 한쪽 집이 나쁘다[凡大門不可兩家相對 必有一家敗退]

부엌은 동쪽, 동남쪽이 좋은 방위이다. 북쪽과 동북쪽 서남쪽은 나쁜 방위다. 화장실은 좋은 방위는 없으며, 특히 집 중앙에 있는 것이 제일 안 좋다. 화장실은 집안에서 멀리 떨어져 있을수록 좋다. 화장실은 깨끗하게 쓰는 것은 길하고, 더러우면 흉하다. 창문은 알맞게 있어야 한다. 현대의 대부분의 건축물은 창문이 많은 편이다. 서남쪽, 서쪽, 서북쪽, 북쪽, 동북쪽에는 큰 창문이 있는 것은 나쁘다. 이 방위의 창문은 두꺼운 커튼으로 막는 것이 좋다.

창고나 장롱이나 냉장고 책꽂이 등에 물건을 가득 채워 넣으면 나쁘다. 오랫동안 쓰지 않는 물건을 모아두는 것도 나쁘다. 거울은 화장실이나 장롱 안에 있는 것은 좋다. 거울이 크면 어디에 있든 나쁘다. 그림이나 사진 또는 조각품은 밝고 아름답고 안정적인 것은 좋다. 침실에는 불상이나 십자가와 같은 신상이 있으면 나쁘며, 부부의 침실에는 인물화도 걸지 않아야 한다. 사납거나 무서운 형상을 한 동물 그림이나 조각이 집안에 있거나, 집안을 향하면 나쁘다. 괴목이나 박제품은 집안에 없는 것이 좋다. 화분은 집안에 있는 것이 좋으며, 꽃이 피는 식물이 좋다. 그러나 너무 많거나 사람의 키보다 큰 나무는 나쁘다. 단독주택인 경우에 개나 고양이와 같은 애완동물을 밖에서 키우는 것은 좋다. 그러나 집안에서 키우는 것은 매우 흉하다. 집은 청결해야 한다. 특히 집의 출입구, 부엌, 화장실은 깨끗해야 한다.

실내의 가상학은 팔방을 중심으로 본다. 이러한 팔방의 이론은 주역의 문왕팔괘文王八卦에 근거한다. 방위의 길흉은 크고 넓은 집에 그 영향력이 크며, 작은집이나 식구가 많은 집에서는 그 영향력이 낮다. 남자는 동, 동북, 북, 서북쪽의 방을 쓰는 것이 좋으며, 가장은 서북쪽 방이 제일 좋다. 남자는 서남쪽 방이 제일 나쁘다. 여자는 동남, 남, 서남, 서쪽의 방을 쓰는 것이 좋으며, 주부는 서남쪽 방이 제일 좋다. 여자는 동북쪽 방이 제일 나쁘다.

3) 수면은 직질해야 한다

몸과 마음은 활동할 때가 있고, 휴식을 취할 때가 있다. 그 휴식 중에서 가장 완전한 휴식이 잠을 자는 것이다. 따라서 잠을 어떻게 잤는가에 따라 바로 심신의 상태는 달라진다. 더욱이 인생의 삼분지 일은 잠을 자면서 보낸다. 잠을 바르게 잘 잔다는 것은 인생의 삼분지 일은 성공한 셈이다. 그뿐만이 아니라 나머지 깨어있는 시간에도 많은 영향을 끼친다. 그러면 어떻게 자야 하는가.

잠자는 집은 앞에서 거론한 좋은 거처에서 자야 한다. 깨어서 활동할 때보다 잠자는 무의식 상태에서 주위 환경의 영향을 더욱 많이 받기 때문이다. 따라서 잠자는 곳만은 명당이어야 한다. 잠자는 방은 안정적이고, 조용하고, 온도나 명암 등의 음양이 조화를 이루어야 한다. 집 중앙에서 보아 남자는 남서쪽 방, 여자는 북동쪽 방에서 자지 않는 것이 좋다.

잠잘 때 머리 두는 방향에 따라서 동두생뇌東頭生腦, 남두강신南頭强身, 서두쇠신西頭衰身, 북두단명北頭短命이라고 한다. 즉, 동쪽으로 머리를 두면 뇌수를 생하고, 남쪽으로 머리를 두면 몸이 강건해지고, 서쪽으로 머리를 두면 몸이 쇠약해지고, 북쪽으로 머리를 두면 수명이 짧아진다는 것이다. 그래서 동쪽이나 남쪽 또는 동남쪽으로 머리를 두고 자는 것이 좋다. 지세나 문의 방향 등을 고려해서 이 세 방향 중에 하나를 선택하는 것이 좋다. 한집안 식구는 가급적 한 방향으로 머리를 두는 것이 좋다.

　잠은 가급적 혼자 자는 것이 좋다. 『유수요결』에는 '약을 천일 동안 먹어도 하룻밤 혼자 자는 것만 못하다.'고 하였고, 『양성연명록』에서는 '팽조가 말하기를 훌륭한 양생가는 침대를 따로 쓰며, 다음 양생가는 이불을 따로 쓴다. 약을 백 번 먹어도 하룻밤 혼자 자는 것만 못하다.'고 한다. 이는 부부관계를 금하는 의미도 있으나, 잠잘 때 내뿜는 상대의 탁기를 피하기 위해서다.

　잠은 일찍 자고 일찍 일어나야 한다. 자는 시간은 술해시(戌亥時 ; 오후 7:30~11:30)에 잠자리에 들어야 하고, 깨는 시간은 인묘시(寅卯時 ; 오전 3:30~7:30)에 일어나야 한다. 가급적 이 시간대에 잠들고 일어나야 하나, 나이나 직업 또는 환경 등에 따라서 조금 변화를 줄 수 있다. 특히 계절에 따라서 자고 일어나는 시간을 조절하는 것이 좋다. 봄과 여름은 늦게 자고, 가을과 겨울에는 일찍 잔다. 반면에 봄과 여름과 가을은 일찍 일어나고, 겨울은 늦게 일어난다. 그러나 아무리 일찍 자도 술시(7:30) 이후여야 하고, 늦게 자도 해시(11:30)를 넘겨서는 안 좋다. 또한 일찍 일어난다고 해도 인시(寅時 3:30) 이후이어야 하고, 늦게 일어난다고 해도 해가 뜨기 전이다. 어떠한 경우라도 심신이 휴식을 취해야 하는 자축시(子丑時 : 오후 11:30~오전 3:30)에는 반드시 잠을 자야 한다. 이 시간대에 잠을 자지 않으면, 반드시 큰 병을 앓게 된다.

　잠자기 전에는 음식을 먹지 않는 것이 좋다. 배부른 상태에서 자면 온갖 질병이 다 생긴다. 차를 마시면 각성작용 때문에, 숙면하기가 힘들다. 술을 마시고 자면 뇌에 나쁜 영향을 주고, 술에 의지해서 잠을 자게 되는 중독이 될 수도 있다. 이렇게 잠자기 전에는 배를 비워야 하는데, 마음 또한 비워야 한다. 송의 채계통蔡季通은 『수결睡訣』에서 '먼저 마음이 잠 든 뒤에 눈이 잠든다.'고 하였다. 잠자기 전에는 지나친 생각이나 기쁨이나 노여움 등이 없어야 한다. 그러기 위해서는 자극적인 책을 보거나 텔레비전 시청 등의 하지 않는 것이 좋다. 뒤에 서술된 「안마양생」을 하면 숙면에 매우 도움이 된다.

잠은 빨리 드는 것이 좋다. 잠이 잘 오지 않거나 불면증이 있는 사람은 억지로 잠들려고 하지 말아야 한다. 억지로 잠들려고 하면 오히려 잠이 오지 않는다. 이때는 가볍게 산책하는 것이 좋다. 『자암은서紫岩隱書』에는 잠자기 전에 천 보 정도 걸으라고 한다. 그러면서 '대체로 산보를 하면 몸이 피곤하고, 몸이 피곤하면 생각이 그치게 된다. 움직임이 극에 달하면, 도리어 안정으로 돌아간다. 이것이 도리다.'라고 하였다. 밤에 잠을 잘 못 잤다고 낮에 낮잠을 자는 것은 기를 소모할 뿐만이 아니라, 불면증을 악화시킨다.

잠자는 자세는 옆으로 누워서 자는 것이 좋다. 공자는 잠잘 때 시체처럼 똑바로 누워 자지 말라고 하였다. 노인 양생서인 청대의 조자산曹慈山의 『노로항언老老恒言』에서는 '누울 때는 반드시 오른쪽을 아래로 하여 옆으로 누워서 비위의 기를 편안히 해주어야 한다. …… 왼쪽을 아래로 하여 눕지 마라. …… 활궁弓 자처럼 누워라.'고 하였다. 『신상전편神相全篇』이라는 관상서에는 '개처럼 높고 용처럼 몸을 서리고 잠자는 자는 반드시 귀하게 될 상이다.'라고 하면서 '옆으로 누워서 자는 것이 길상이나 오른 쪽으로 누워서 자는 것이 더욱 좋다.'고도 한다. 붓다나 소크라테스도 오른쪽으로 누워서 자야한다고 하였다. 이러한 모습은 오른쪽으로 누워서 오른 손을 오른 뺨 쪽에 대고, 다리를 약간 구부린 자세다. 이러한 자세는 비위의 기만 편한 것이 아니라, 심장이 압박을 받지 않아 편안하고, 오른쪽 신장인 명문命門에 정精을 잘 간직할 수 있고, 마음이 안정되어 숙면할 수 있다.

잠잘 때의 주의 사항은 많다. 너무 적게 자서도 안 되나, 너무 많이 자거나 오래 누워 있어서도 안 된다. 오래 누워 있으면, 폐가 약해져서 기력이 떨어지고, 지혜도 떨어진다. 환자도 앉거나 걸을 수 있으면 너무 누워 있어서는 안 된다.

다음은 덥다고 문을 열어놓고 바람을 쐬면서 자거나, 선풍기나 에어컨을 켜놓고 자서는 안 된다. 이러면 장수하기 어렵다. 또한 옷을 벗은 상태에서 몸을 노출해서 자는 것도 매우 금한다. 『천금요방』에서는 몸을 드러내놓고 자면 그 달을 넘기기도 전에 병이 든다고 하였다. 반면에 추워도 이불을 머리까지 덮어서는 안 된다. 잠잘 때는 머리는 내놓아야 한다.

잠에서 깨면, 기공수련이나 안마 등을 하면 좋다. 『준생팔전』에서는 '잠에서 깨면, 눈을 감고 상하 이빨 부딪치기를 27번하며, 새로운 공기를 마시고 묵은 것을 토해내기를 열심히 하며, 입에 고인 침을 몇 차례 마시며, 손바닥을 비벼서 뜨거워지면 두 눈과 이마 얼굴을 문질러야 한다.'고 한다. 이것에 관해서는 「기공양생」과 「안마양생」을 참고한다.

4) 알맞게 노동과 운동을 해야 한다

양생이라는 말이 최초로 쓰인 문헌은 『여씨춘추』라고 한다. 여기서 양생을 설명하는 가운데 다음과 같은 말이 있다.

흐르는 물이 썩지 않고 움직이는 문지도리는 좀이 먹지 않는 것은 그것들이 움직이기 때문이다. 인간의 육체나 기氣도 마찬가지이다. 육체가 활동하지 않으면 정精이 흐르지 않고, 정이 흐르지 않으면 기가 막힌다.

의사이며 오금희五禽戲라는 양생체조를 창안한 그 유명한 화타도 위와 비슷한 견해를 다음과 같이 말하고 있다.

인체는 본능적으로 움직이고자 하는 욕구가 있다. 단 움직임이 지나쳐서는 안 된다. 적당하게 움직이면 음식이 소화되고 혈맥이 잘 소통되어 병이 생기지 않는다. 이는 문지도리가 오랫동안 썩지 않는 것과 같다.

반면에 『준생팔전』에서 이러한 이치를 음양의 법칙으로 다음과 같이 설명하고 있다.

천지는 음양을 근본으로 하고 있으며, 음양은 동정動靜을 주관한다. 인체는 하나의 음양이며, 음양 또한 하나의 동정이다. 동정이 화합하면 기혈이 화창하고 온갖 병이 생기지 않기 때문에, 천수를 다할 수 있다.

여기서 움직이지 않는 정靜은 음이고, 움직이는 동動은 양이다. 이 말은 고요함으로 음을 기르고 움직임으로 양을 길러야 한다는 것이다. 그러나 지나친 움직임은 음을 상하고 지나친 고요함은 양을 상한다.

음양의 평형을 맞추기 위하여 어떠한 노동이나 운동을 어느 정도 해야 하는가는 일률적으로 말할 수 없다. 각자의 나이, 체질, 직업, 질병 등에 따라서 다르기 때문이다. 단 성인이 되었고 어느 정도 육체적 활동이 가능하면 알맞게 육체노동을 하는 것이 좋다. 물론 운동도 좋으나 생산적인 노동을 하는 것은 육체의 기혈순환 뿐만이 아니라, 정신적인 성취감에서도 대단히 좋다. 반면에 오랫동안 앉아서 사무를 보는 정신노동자들은 육체적인 움직임이 많은 운동이 좋다.

양생으로서의 운동은 오금희나 태극권과 같은 전통기공은 물론이고, 등산이나 수영 또는 축구나 농구와 같은 체육도 포함되기 때문에, 그 종류는 대단히 많다. 그럼에도 불구하고 역대의 양생가들이 한결같이 권장한 운동법은 산보다. 걷는 것은 인간의 본능적인 활동이며, 가장 쉬운 운동이다. 더욱이 산보는 운동이면서 동시에 휴식이 들어있다. 예를 들면 오래 누웠었거나 앉아 있어서 신체활동이 부족한 경우에는 운동이 된다. 그러나 정신노동을 너무 많이 하였을 때나 마음에 분노나 다른 번민이 많을 때는 산보는 아주 훌륭한 휴식이 된다.

산보散步는 글자 그대로 '흩어진' 또는 '한가로운' 걸음걸이다. 어느 목적지를 정해놓고 그곳을 향해서 허겁지겁 달려가듯이 하는 것이 결코 아니다. 목적지가 없이 발가는 대로 한가롭고 자연스럽게 천천히 걷는 것이다. 『노로항언』에서는 '산보는 흩어져서 얽매이지 않는 것이다. 따라서 가다가 서기도 하고 섰다가 가기도 하는 것이디. 모름지기 일종의 한가하고 자연스러움을 얻어야 양신養神의 도道가 되는 것이다.'라고 한다. 『수경집水鏡集』이라는 관상서에는 '거북이처럼 느릿느릿하게 침착하게 걷는 걸음을 구보(龜步: 거북이걸음)라 하며, 고령 장수할 상이다'라고 하는데, 참고할 만한 말이다.

산보는 식사 전후나 취침 전후에 매우 좋다. 속담에 '식후에 백보만 걸으면 99세까지 산다.'고 한다. 『양성연명록』에는 '양생의 도는 배부르게 먹거나, 편하게 눕거나, 오래 앉아 있지 말아야 한다. 이것들은 모두가 수명을 덜어내는 짓이다. 먹었거든 반드시 산보하여 몸을 상쾌하게 해야 한다.'고 하였다. 『천금요방』에도 음식을 먹은 뒤에는 반드시 걸어야 모든 질병이 발생하지 않는다고 한다.

식후에 배를 문지르면서 산보하는 것은 소화 흡수에 매우 효과가 좋다. 그러나 산보는 단지 식후에 소화를 돕기 위한 것만은 아니다. 당뇨병의 일종인 소갈병의 예방과 치료에도 산보가 매우 도움이 된다. 수隋대의 저명한 의학가인 소원방巢元方이 편집한 『제병원후론』은 한의학적인 질병예방법을 집대성한 서적이다. 여기에는 소갈병 환자는 적게는 120보에서 많게는 1,000보를 걸은 후에 식사를 하라고 한다.

산보는 쉽고 위험하지 않기 때문에 노인, 허약자, 회복기의 환자 등에도 좋다. 산보하는 장소는 길이 험하지 않고, 공기가 맑고, 조용하고, 숲이 있거나 물이 흐르고, 경관이 좋고, 사람이 많지 않은 곳이면 더욱 좋다. 봄과 여름에는 높은 곳에 오르는 것도 좋다. 반면에 가을과 겨울에는 높은 곳에는 오르지 말아야 한다.

5) 과로하지 말아야 한다

인간은 살아가기 위해서는 노동을 해야 한다. 바른 삶을 위한 이러한 수고로움이 오히려 양생에 도움이 된다. 그것이 육체노동이면 기혈이 순환되고, 정신노동이면 심신心神이 활발하게 움직인다. 보통 성인은 하루의 삼분지 일인 8시간 정도의 노동이 적합하다.

그러나 인간의 저변에는 욕망이 깔려있기 때문에, 무엇을 하든지 항상 지나친 경우가 많다. 그래서 일상생활의 양생에서 가장 긴요한 일은 과로하지 않는 것이다. 「소문」에서는 과로가 인체에 미치는 영향을 다음과 같이 말한다.

> 오래 보면 혈血이 손상되고, 오래 누워 있으면 기가 손상되고, 오래 앉아 있으면 살이 손상되고, 오래 서 있으면 뼈가 손상되고, 오래 걸으면 근육이 손상된다. 이것이 오로五勞에 의해 손상되는 것이다.

조금 더 구체적으로 말하면, 무엇인가 오래 보면 심장이 손상되고, 오래 누워 있으면 폐가 손상되고, 오래 앉아 있으면 비위가 손상되고, 오래 서 있으면 신장이 손상되고, 오래 걸으면 간이 손상된다는 것이다. 이는 노동이든 운동이든 또는 앉거나 누워서 휴식을 취하는 것도 지나치면 육체를 손상시킨다는 것이다.

이러한 오로에는 속하지 않으나 양생에서 매우 금기하는 것은 말을 많이 하는 것이다. 말을 많이 하면 기가 손상되기 때문이다. 『양생요집』에서는 '사람의 말과 웃음은 지극히 적어야 하고, 그 소리는 되도록 작아야 한다. …… 만약 지나치게 말하고 웃으면 폐와 신장을 손상시키며, 정신이 안정되지 못한다.'고 한다. 또 이르기를 '사냥하기를 좋아하고, 크게 소리를 지르는 자는 기가 끊어지기 쉽다. 그래서 즉시 흉함이 나타나기도 하고, 당장은 모르나 일이년 후에 병이 생기기도 한다. 이때는 어떠한 훌륭한 의사라도 고치지 못한다.'고도 한다.

『천금방』에는 누워서나 걸으면서 말하지 말라고 한다. 말을 하려면 앉거나 서서 해야 한다고 한다. 또한 비록 글을 외우는 말이라도 항상 목소리가 배꼽 아래 기해氣海 속에 있다고 생각하고, 낮은 목소리로 말하라고 한다. 특히 아침에 일어나자마자 큰소리로 말하지 말고, 성내거나 꾸짖지 말고, 노래하고 휘파람 불지 말고, 밤에 꾼 꿈을 말하지 말라고 한다. 이러한 짓들은 기를 소모하고 복으로부터 멀어진다고 한다. 또한 해가 지고 난 뒤에는 말을 하거나 글을 읽지 않아야 한다. 반드시 읽을 것이 있다면 밝은 날 아침을 기다려서 읽는 것이 좋다고도 한다.

원나라 추현鄒鉉이 편찬한 『수친양노신서壽親養老新書』에는 노인이 병의 예방을 위한 7가지를 다음과 같이 제시하고 있다. 이것을 태을진인칠금문太乙眞人七禁文라고 하여 양생의 요체로 삼았다.

그 중에서 말을 적게 하는 것을 으뜸으로 친다.

첫째 말을 적게 하여 내기內氣를 기르고, 둘째 색욕을 삼가서 정기精氣를 기르고, 셋째 기름진 음식을 적게 먹어 혈기血氣를 기르고, 넷째 입안의 침을 삼켜서 장기臟氣를 기르고, 다섯째 화를 내지 않아서 간기肝氣를 기르고, 여섯째 음식을 조절하여 위기胃氣를 기르고, 일곱째 생각을 적게 해서 심기心氣를 기른다. 사람은 기로써 사는 것이다. …… 이 세상에서 지킬만한 것으로 원기元氣보다 더 중요한 것은 없다.

과로는 육체적인 것만은 아니다. 앞의 「정신양생」에서 본 바처럼, 생각이나 감정 등이 지나치면 모두가 과로가 된다. 정신의 과로에 대해서는 「정신양생」을 참조한다. 심신의 과로가 바로 생명을 손상시키는 것이기 때문에, 『양성연명록』에서는 과로를 피하고 양생하는 법을 다음과 같이 말한다.

장수를 위하여 섭생하는 법은 단지 이 과로로 병들지 않는 것이다. …… 따라서 양생을 잘하는 사람은 침을 멀리 뱉지 않으며, 걸을 때 빨리 걷지 않으며, 앉아도 오래 앉아 있지 않으며, 서 있어도 피로할 때까지 서 있지 않으며, 누워도 머리가 멍할 정도로 오래 누워 있지 않으며, …… 힘들게 일하지 않으며, 지나치게 놀지 않으며, 땀을 많이 흘리지 않으며, 잠을 너무 많이 자지 않으며, 마차를 너무 빠르게 몰지 않으며, 지나치게 멀리 보지 않으며, …… 목욕도 자주 하지 않으며, 큰 뜻과 이룰 수 없는 희망을 갖지 않으며, 지나친 규칙과 특이한 기교를 얻으려 하지 않는다.

6) 바람과 습기를 피해야 한다

일상생활에서 주의할 것 중의 하나는 이상기후를 피하는 것
이다. 이상기후란 지나친 추위, 더위, 건조, 습기, 바람 등을 말
한다. 이러한 이상기후에 오랫동안 노출되어있으면 병이 생긴다.
이 다섯 가지 기후와 오장의 관계는 이렇다. 바람은 간을 상하게
하고, 더위는 심장을 상하게 하고, 습기는 비장을 상하게 하고,
건조는 폐를 상하게 하고, 추위는 신장을 상하게 한다.

현대 문명사회에서는 주거환경이나 옷 등이 좋아서 이것들이
그다지 큰 문제가 되지는 않는 듯하다. 그러나 모든 지나친 이상
기후는 건강을 해친다는 것을 명심해야 한다. 특히 바람과 습기
는 위험도 클 뿐만이 아니라, 모르고 지나치는 경우가 많아서 여
기서 다시 강조한다.

많은 의서에는 '풍風은 백병의 우두머리다'라고 한다. 이는 바람
을 맞는 것은 많은 질병의 원인이 된다는 것이다. 명나라 시대에
편집한 기공 양생학 서적인 『양생류요養生類要』의 일부인 「손진인
위생가孫眞人衛生歌」에서는 '앉아 있거나 누워 있을 때에 머리 뒤로
바람이 들어오는 것을 막아야 한다. 머리 뒤로 바람을 맞으면 장
수하지 못한다. 더욱이 술에 취했거나 배가 부를 때에 바람을 쐬
면서 누워 있으면, 풍風이 깊숙이 들어와서 크게 해롭다.'고 한다.
청나라 왕앙王昻이 편찬한 양생서인 『물약원전勿藥元詮』에서는 바람
의 피해를 조금 더 구체적으로 말한다.

목욕을 하다가 바람을 쏘이면 뇌풍腦風과 통풍痛風을 앓게 되고, 술을 마시다가 바람을 맞으면 주풍酒風과 누풍漏風을 앓게 되고, 과로하거나 여름에 땀을 흘리다 바람을 쏘이면 한열寒熱 병을 앓게 되고, 잠자다 일어나 바람을 쏘이면 비궐脾厥을 앓는다.

여기서 뇌풍이나 통풍은 두통이나 다발성 관절염 계통이고, 주풍이나 누풍은 땀으로 진액이 소모되는 것이고, 한열은 오한과 발열이 교차하는 것이고, 비궐은 마비증의 일종이다. 여기서는 목욕, 술, 과로, 수면 등에 관해서만 바람의 피해를 말하고 있으나, 어느 상황이든 바람을 피해야 한다. 따라서 바람이 많이 불 때는 외부활동을 자제해야 한다.

바람 중에서도 자연적인 바람보다 더욱 해로운 것은 인위적인 바람이다. 현대인에게는 선풍기 바람, 에어컨 바람, 달리는 차창에서 들어오는 바람 등은 매우 해롭다. 특히 잠자면서 바람을 쏘이는 것을 매우 해로우므로, 잠을 잘 때는 문을 열어놓지 말아야 하고 선풍기 등의 바람을 쏘이지 말아야 한다.

바람 못지않게 해로운 것은 습기다. 한의학에서는 이것을 습상濕傷이라 하는데, 『물약원전』에서는 이렇게 말한다.

습한 곳에 앉거나 누우면 사지가 마비되거나 전염병에 걸린다. 비를 맞으며 바람을 쏘이면 몸이 무겁고 아픈 병에 걸린다. 땀에 젖은 옷을 오래 입고 있으면 황달이나 사지 마비가 올 수 있다. …… 배고픈 상태에서 목욕을 하면 뼈와 관절에 번열煩熱과 동통이 올 수 있다. 땀을 내고 몸을 습하게 하면 중풍이나 신경통을 앓을 수 있다.

이처럼 습기는 매우 해롭다. 대표적인 습상은 습한 날씨, 안개 속을 걷는 것, 이슬을 맞는 것, 비를 맞는 것, 땀이나 물에 젖은 옷을 입고 있는 것, 머리가 젖은 상태에서 바람을 쏘이는 것 등이나.

7) 몸을 깨끗이 해야 한다

몸을 깨끗이 하면 건강에 좋다는 것은 누구나 안다. 그러나 양생의 관점에서는 단순히 깨끗이 씻는 것만으로 건강에 좋은 것은 아니다. 여기서는 양생의 관점에서 위생을 살펴본다.

머리는 너무 자주 감아서는 안 된다. 머리를 자주 감으면 수명과 지혜가 감소된다. 특히 너무 뜨거운 물로 감거나, 오전에 감거나, 배부를 때는 더욱 해롭다. 젖은 머리로 바람을 쏘이거나 외출해서는 안 된다. 머리는 자주 빗고 손가락으로 마사지를 해준다. 송나라 때 조정에서 편찬한 방대한 의서인 『성제총록聖濟總錄』에서는 '빗질을 많이 하면 풍風을 몰아낸다.'고도 한다. 이는 모근이나 두피를 자극하라는 것이다.

얼굴은 자주 씻는다. 머리처럼 역시 너무 뜨거운 물로 씻지는 말아야 하며, 손으로 자주 문질러 준다. 손발은 자주 씻되, 여름이라도 너무 찬물로 씻지 말아야 한다. 자기 전에는 따뜻한 물로 발을 씻어주며, 발바닥 용천혈을 자주 문질러 준다. 항문과 성기는 깨끗이 하되 남자는 너무 뜨거운 물로 씻지 말며, 여자는 너무 자주 씻거나 차가운 물로 씻지 말아야 한다. 식후에는 양치질을 하며, 자주 이빨을 부딪치고, 입안을 혀로 문질러서 침을 삼킨다.

목욕을 하여 몸을 깨끗이 해야 하나, 너무 자주 해서는 안 된다. 『노노항언』에서는 '목욕 후에는 양기가 상승하여 기가 잘 퍼진다.'고 한다. 그러나 '목욕할 때 모공이 열리게 되어 진기가 소모된다.'고 한다. 그래서 원대의 양생가 왕규王珪가 지은 『태정양생주론泰定養生主論』에서는 '여름을 제외하고는 10일에 한 번씩 한다. 만약 자주하면 기가 소모된다.'고 한다.

특히 노인들은 겨울에 목욕하는 것에 주의하여야 한다. 원대의 내단 수련가이고 의사인 구처기邱處機가 쓴 『섭생소식론攝生消息論』에서는 '겨울에는 양기가 안에 있고 음기가 밖에 있는데, 노인들은 대개 상열하냉上熱下冷의 질환이 있기 때문에 목욕을 하지 말아야 한다.'고 경고한다. 이러한 노인이 뜨거운 물에 들어가면, 반드시 땀이 과도하게 배출되어 골육이 상하고, 감기에 잘 걸리고, 담이 생긴다고 한다.

목욕은 양기가 오르는 오전에 하지 말아야 하며, 너무 배가 부르거나 배가 고플 때는 하지 말아야 한다. 따뜻한 물은 배꼽 아래까지 담그는 것이 좋으며, 머리까지 뜨거운 물에 담그지 말아야 한다. 너무 오래하거나, 땀을 많이 내거나, 피부를 지나치게 문질러서는 안 된다. 목욕을 하여 기공이 열린 상태에서 바람을 쐬거나, 선풍기바람으로 머리나 몸을 말려서는 안 된다. 그러면 풍병이 걸린다.

5. 계절양생

일 년의 계절 변화나 히루의 시간 변화에 따른 양생법을 시진양생時辰養生이라 한다. 이 양생법은 인간과 자연은 서로 상통한다는 천인상응天人相應 사상에 근거한다. 즉, 인간은 자연의 변화에 따라 생활해야 한다는 주장이다. 이에 대해 「소문」에서는 이렇게 말한다.

> 음양과 이에 따른 계절 변화는 만물의 시작과 끝이고 생사生死의 근본이다. 이것을 거스르면 재해가 발생하고 따르면 질병이 발생하지 않기 때문에, 이를 일러 도를 얻었다고 한다. 이러한 도를 성인은 실행하나 어리석은 자는 업신여긴다. 음양을 따르면 살고 거스르면 죽는다.

『양성연명록』에서도 '천시天時를 무시하면 흉하고, 천시에 순응하면 길하다.'고 하였다. 「영추」에서는 '지혜로운 자의 양생은 반드시 계절 변화에 따르고 추위나 더위 등의 기후에 적응해야 한다.'고 하였다. 『손진인위생가주석』에서는 '병이 나서 약을 복용하는 것은 시기에 맞춰 조섭하는 것만 못하다.'고 한다. 이 모두가 시간 또는 계절 변화에 따른 양생법을 강조한 것이다.

한 해의 계절 변화에 따른 양생에서 알아두어야 할 것은 일

년은 4계절이 아니고 5계절이라는 것이다. 한 해를 5계절로 분류하는 것은 다소 생소하기는 하나, 음양오행에 따른 인간의 생리와 일 년의 계절 변화가 정확하게 상응한다. 따라서 바른 양생을 위해서는 한 해를 5계절로 이해해야 한다. 5계절로 분류하는 이론이 오운육기五運六氣다. 여기에 따르면 일 년은 봄[春] 여름[夏] 늦여름[長夏] 가을[秋] 겨울[冬]이다. 이 5계절은 대한大寒부터 시작하여 5등분한 계절이다. 이 5계절은 각각 풍운風運, 화운火運, 습운濕運, 조운燥運, 한운寒運이라는 운기運氣가 지배적으로 작용한다. 이 말은 봄은 바람 기운, 여름은 불의 기운, 늦여름은 습한 기운, 가을은 건조한 기운, 겨울은 한랭한 기운이 주관한다는 것이다. 이 이론에 따른 양생은 각 계절에 주관하는 강한 기운이나 약한 기운으로부터 생명을 보존하고자 하는 것이다.

1) 하루의 양생

「소문」에서는 하루의 변화에 대한 양생을 이렇게 말한다.

양기는 낮 동안에 밖을 주관하는데, 해가 뜰 무렵에 생겨서 한낮에 해가 남쪽에 있을 때 융성하고, 저녁에 해가 지면 기문氣門이 닫힌다. 그러므로 저녁이 되면 기운을 수렴하여 막고, 근골을 요동하지 말며, 안개나 이슬을 맞지 말아야 한다. 이 세 때를 거스르면 형체가 쇠약해진다.

하루 중에서도 낮은 양기가 주관하고 밤은 음기가 주관하기 때문에, 하루의 활동도 이 음양의 기에 맞춰서 해야 한다는 것이다.

하루의 양생을 보다 세분화한다면, 하루를 12시간으로 나누고 각 시간에 따른 오장육부의 활동에 따라 양생하는 방법이다. 하루를 12시간으로 나누어 표현한 것이 자子 · 축丑 · 인寅 · 묘卯 · 진辰 · 사巳 · 오午 · 미未 · 신申 · 유酉 · 술戌 · 해亥라는 십이지지十二地支다. 즉, 자시는 23~01시, 축시는 01~03시, 인시는 03~05시, 묘시는 05~07시, 진시는 07~09시, 사시는 09~11시, 오시는 11~13시, 미시는 13~15시, 신시는 15~17시, 유시는 17~19시, 술시는 19~21시, 해시는 21~23시다. 그러나 엄밀하게 말하면 현재 우리나라는 일본 동경표준시를 쓰기 때문에, 32분을 늦춰야 맞다. 즉, 자정은 12시 32분이기 때문에, 자시는 23시 32분부터 01시 32분까지다.

인간의 하루는 인시부터 시작한다. 인시에서 묘시(03:32~07:32)까지는 밖으로는 하늘의 맑은 금기가 충만하고, 안으로는 폐와 대장이 활동하는 시간이다. 하늘의 맑은 기는 이 시간에 폐에 의해서 흡수된다. 따라서 겨울을 제외하고는 항상 인시에 일어나서 하루를 시작하는 기도를 하거나 호흡수련과 같은 기공수련을 하는 것이 좋다. 특히 호흡수련은 반드시 이 시간에 많이 해야 한다. 이 시간에 일어나지 않으면 천기를 받아들이는 것이 부족하여 심신의 건강을 바르게 유지할 수 없다.

진시에서 사시(07:32~11:32)까지는 밖으로는 대지의 풍만한 토기가 충만하고, 안으로는 위장과 비장이 활동하는 시간이다. 땅에서 생산되는 곡식이나 고기 등은 이 시간에 비위에 의해서 흡수 된다. 따라서 음식은 이 시간에 충분히 섭취해야 한다. 만약

이 시간에 음식을 섭취하지 않거나, 다른 시간에 음식을 많이 섭취해서는 건강할 수 없다. 반드시 진사시에는 음식을 섭취해야 한다. 그러나 비장은 물을 싫어하기 때문에, 이 시간에는 물이나 국과 같은 수분은 가급적 많이 섭취해서는 안 된다.

오시에서 미시(11:32~15:32)까지는 밖으로는 태양의 열기가 충만하고, 안으로는 심장과 소장이 활동하는 시간이다. 소장의 영양 흡수가 왕성해지고, 비장의 영양을 공급받은 심장은 혈액순환이 왕성해진다. 따라서 이 시간에는 기혈순환을 위해서 육체적인 활동을 하는 것이 좋다. 겨울을 제외하고는 밖으로 나가서 육체적 활동을 하고, 봄과 여름에는 알맞게 땀을 내는 것도 좋다.

신시에서 유시(15:32~19:32)까지는 밖으로는 물의 한기寒氣가 충만하고, 안으로는 방광과 신장이 활동하는 시간이다. 심장의 작용으로 모아지는 혈액을 신장이 걸러내어 정분은 안으로 모으고 탁수는 방광으로 내려 보낸다. 신시서부터 다음날 아침까지는 음식을 많이 섭취하면 신장 등이 상하여 건강에 해롭다. 반면에 이 시간서부터 수분을 섭취하는 것이 좋다.

술시에서 해시(19:32~23:32)까지는 밖으로는 인시서부터 활동하던 만물이 안으로 수렴하고, 안으로는 심포와 삼초가 활동하는 시간이다. 심포는 마음작용을 총괄하는 기관이고 삼초는 인체의 상·중·하를 총괄하는 기관이다. 이 시간에는 밖으로 향하던 마음과 몸의 작용이 안으로 수렴되고 균형을 이룬다. 따라서 외부로 향하던 심신의 활동을 줄이고, 심신의 휴식을 취하거나 하루를 반성해 보거나 명상을 하는 것이 좋다. 가을과 겨울에는 술시에 그 밖의 계절에는 해시에 잠자리에 드는 것이 좋다.

자시에서 축시(23:32~03:32)까지는 밖으로는 모든 만물이 휴식을 취하고, 안으로는 담과 간이 활동하는 시간이다. 사방으로 순환하던 혈액이 간으로 모아지고, 신경과 근육을 담당하는 간과 담은 휴식을 취한다. 따라서 모든 심신의 활동을 멈추고 반드시 수면을 취해야 한다. 만약 이 시간에 잠을 자지 않으면, 심신의 피로가 회복되지 않을 뿐만이 아니라 생리적인 균형이 깨져서 모든 병의 원인이 된다.

2) 봄의 양생

봄은 대략 1월 20일부터 4월 1일까지 약 73일간이다. 봄은 오행五行으로는 목木이고, 장부臟腑는 간과 담(膽 : 쓸개)이고, 오기五氣로는 풍(風 : 바람)이다. 풍목風木의 기운은 곡직曲直이라고 하는데, 그 성질은 성장하고, 뚫고 올라가고, 발설한다.

이러한 봄에는 간의 기운이 항진되어 간의 병과 그 짝인 쓸개의 병이 일어나기 쉽다. 그리고 강한 이 간의 목 기운은 비장脾臟의 토 기운을 극剋하여 비장과 위장의 병으로까지 전변된다. 그래서 간실비허肝實脾虛의 증상이 나타난다. 대체로 배가 자주 아프며, 신경과민, 불면증, 분노, 두통, 어지러움, 간염, 팔다리 저림, 상기, 안구 충혈, 식욕부진, 소화불량, 위산과다. 수족냉증, 살이 빠지는 등의 증상이 나타날 수 있다.

이처럼 봄은 목의 양기가 소생하고 오르는 시기이므로, 마음은 이에 순응하여 살기殺氣를 버리고 사랑으로 베풀어야 한다. 「소문」에는 옷을 느슨하게 입고, 신체를 편안하게 하고, 막혔던 감정을 풀고 생기가 통하도록 하여야 하고, 기르되 죽이지 않고, 주되 빼앗지 않고, 상은 주되 벌은 주지 않는 것이 봄의 기운에 맞는 양생의 도라고 하였다.

봄은 양기가 오르는 시기이므로, 일찍 일어나고 늦게 자고, 외부 활동 시간을 늘리고, 적절한 운동을 해야 한다. 오래 누워 있거나 앉아 있지 말아야 한다. 산책을 하거나 산에 올라 유유히 자연경관을 감상하는 것도 좋다. 야외활동을 하는 것이 좋으나, 바람을 많이 쐬는 것은 좋지 않다. 『천금요방』에는 봄은 한랭한 시기가 끝나지 않았으므로 봄추위에 조심하라고 한다. 그러면서 하의는 두껍게 입고 상의는 얇게 입어서 하체를 따뜻하게 해야 한다고 한다.

봄에는 목인 간 기능이 항진됨으로 간 기능을 안정시키고, 간에 의해 억제되는 비장의 기능을 도와야 한다. 그래서 간으로 들어가는 신맛의 음식을 줄이고, 폐로 들어가는 매운 맛의 음식으로 간의 기운을 억누르고, 단맛의 음식으로 비장을 도와야 한다. 「소문」에는 '간은 급한 것을 싫어하므로 단 것을 복용하여 완화시켜야 한다.'고 하였다. 이러한 봄에는 간으로 들어가는 닭고기를 많이 먹는 것은 좋지 않다. 반면에 비장으로 들어가는 찹쌀, 기장, 쇠고기, 유제품 등은 보편적으로 좋다.

3) 여름의 양생

여름은 대략 4월 2일부터 6월 16일까지 약 73일간이다. 여름은 오행五行으로는 화火이고, 장부臟腑로는 심장과 소장이고, 오기

五氣로는 열(熱 : 뜨거움)이다. 열화熱火의 기운은 염상炎上이라고 하는데, 그 성질은 타오르고, 발산하고, 소모한다.

이러한 여름에는 심장의 기운이 항진되어 심장과 그 짝인 소장의 병이 일어나기 쉽다. 그리고 강한 이 심장의 화 기운은 폐의 금 기운을 극하여 폐와 대장의 병으로까지 전변된다. 그래서 심실폐허心實肺虛의 증상이 나타난다. 대체로 어깨기 아프며, 심장 기능항진, 심장 통증, 고혈압, 부정맥, 동맥경화, 마른기침, 언어 쇠약, 피부병, 피부 건조, 변비, 설사, 대장 질환, 견갑통 등의 증상이 나타날 수 있다.

이처럼 여름은 양기가 크게 뻗어나가고 발산하는 시기이므로, 마음은 이에 순응하여 활짝 열어놓고 기쁘게 가져야 한다. 화를 내지 말아야 하고, 지나치게 생각을 많이 하지 말아야 한다. 「소문」에는 천지의 기가 끊임없이 교류하고 만물이 아름답게 번성하는 것처럼, 기쁨이 충만하게 하고, 기를 발산하고, 심신을 밖으로 드러내는 것이 여름의 기운에 맞는 양생의 도라고 하였다.

여름은 양기가 왕성한 시기이므로, 일찍 일어나고 늦게 자고, 육체노동이나 운동으로 알맞게 땀을 배출하여 양기의 성장을 도와야 한다. 날이 더워도 햇빛을 거부하지 말아야 하나, 너무 뜨거운 햇살이 직접 피부에 닿지 않도록 하여 자연스럽게 태양의 양기를 받아들여야 한다. 그래야 인체의 양기가 튼튼하고 혈맥이 소통되고 정신이 맑아지고 질병의 침입을 막을 수 있다. 오래 누워 있거나 앉아 있지 말아야 한다. 높은 산에 오르거나 높은 곳에 거처하며 호연지기를 기르는 것이 좋다.

여름에는 화인 심장 기능이 항진됨으로 심장을 안정시키고,

심장에 의해 억제되는 폐의 기능을 도와야 한다. 그래서 심장으로 들어가는 쓴맛의 음식을 줄이고, 신장으로 들어가는 짠맛의 음식으로 심장의 기운을 억누르고, 매운맛의 음식으로 폐를 도와야 한다. 이러한 여름에는 심장으로 들어가는 열성인 양고기나 염소고기를 많이 먹는 것은 좋지 않다. 반면에 쌀, 보리, 콩, 녹두, 돼지고기, 개고기 등은 보편적으로 좋다. 여름에는 겉이 뜨거운 반면에 속은 냉해지므로 차가운 음료수나 음식을 먹어서는 안 된다.

4) 늦여름의 양생

늦여름의 장마철을 장하長夏라고 한다. 대략 6월 17일부터 8월 29일까지 약 73일간이다. 장하는 오행五行으로는 토土이고, 장부臟腑는 비장脾臟과 위장이고, 오기五氣로는 습(濕 : 습기)이다. 습토濕土의 기운은 가색稼穡이라 하는데, 그 성질은 조화롭고, 수납受納하고, 끈끈하여 엉긴다.

이러한 늦여름은 비장의 기운이 항진되어 비장의 병과 그 짝인 위장의 병이 일어나기 쉽다. 그리고 강한 비장의 토 기운은 신장의 수 기운을 극하여 신장과 방광의 병으로까지 전변된다. 그래서 대체로 비실신허脾實腎虛의 증상이 나타난다. 대체로 허리가 아프며, 과식, 비만, 사지 무거움, 신경 우둔, 췌장염, 종기, 습진, 설사, 구토, 탈모, 발열질환, 정력 감퇴, 방광염, 소변 이상, 중이염, 비염 등의 증상이 나타날 수 있다.

늦여름은 양기가 중화中和를 이루는 시기이므로, 마음은 이에 순응하여 풀어놓고 여유롭게 가져야 한다. 음악을 연주하거나 감상하는 것이 좋다. 그런데 늦여름은 습기에 의해서 기의 활동이 방해를 받아서 몸이 무겁고, 마음은 권태롭고 짜증이 나고 우울해지기도 한다. 이러할 때일수록 의지를 갖고 활기차게 생활하려고 해야 한다.

이러한 늦여름은 매우 덥고 습하고 양기는 정체되는 시기이나, 일찍 일어나고 늦게 자며, 노동이나 운동을 알맞게 하여 기혈이 적체되지 않게 해야 한다. 알맞게 땀을 내야 하나, 옷이 땀에 젖으면 빨리 갈아입어야 한다. 덥거나 땀이 난다고 옷을 벗은 채로 바람을 쏘여서도 안 된다. 이슬과 안개를 피해야 하고, 습한 곳에서 머물지 말아야 한다. 신장이 상하므로 오래 서 있거나 무거운 것을 많이 들어도 안 좋다.

늦여름에는 토인 비장 기능이 항진됨으로 비장을 안정시키고, 비장에 의해서 억제되는 신장의 기능을 도와야 한다. 그래서 비장으로 들어가는 단맛의 음식을 줄이고, 간으로 들어가는 신맛의 음식으로 비장의 기운을 억누르고, 짠맛의 음식으로 신장을 도와야 한다. 이러한 늦여름에는 비장으로 들어가는 쇠고기와 유제품 그리고 열성인 양고기나 염소고기를 많이 먹는 것은 좋지 않다. 반면에 보리, 콩, 녹두, 닭고기, 돼지고기 등은 보편적으로 좋다. 늦여름에는 기가 적체됨으로 음식을 많이 먹는 것은 좋지 않다.

늦여름은 날씨는 매우 무덥고 습하고 몸은 무거워 양생하기에 가장 어려운 계절이다. 공기가 잘 통하지 않는 막힌 곳이나 낮은 지대에 머물지 말아야 하고, 노천에서 자지 말아야 한다. 더워도 너무 서늘하게 하지 말아야 하고, 바람을 많이 쏘이지 말아야 한다. 특히 잘 때 바람을 쏘이지 말아야 하는데, 선풍기나 에어컨 같은 인공 바람은 더욱 안 좋다. 밖은 더우나 체내에는 음기가 잠복되어 있기 때문에, 찬 음식이나 음료수, 성질이 찬 생야채나 과일 등을 먹지 말아야 한다. 음식은 항상 따뜻하게 먹어야하고, 배를 항상 따뜻하게 해야 한다.

5) 가을의 양생

가을은 대략 8월 30일부터 11월 10일까지 약 73일간이다. 가을은 오행五行으로는 금金이고, 장부臟腑는 폐肺와 대장이고, 오기五氣로는 조(燥 : 건조)이다. 조금燥金의 기운은 종혁從革이라 하는데, 그 성질은 수렴하고, 내려가고, 맑으나 강경하다.

이러한 가을에는 폐의 기운이 항진되어 폐와 그 짝인 대장의 병이 일어나기 쉽다. 그리고 강한 이 폐의 금 기운은 간의 목 기운을 극하여 간과 쓸개의 병으로까지 전변된다. 그래서 폐실간허肺實肝虛의 증상이 나타난다. 대체로 옆구리가 아프며, 심한 기침, 기관지천식, 폐렴, 협심증, 대장질환, 묽은 변, 혈변, 치질, 악성 변비, 맹장염, 빈혈, 시력 감퇴, 신경통, 관절염 등의 증상이 일어날 수 있다.

가을의 기운은 양기가 수렴되고 하강하는 시기이므로, 마음도 이에 순응하여 안으로 거둬들이고 안정시켜야 한다. 가을에는 처량한 마음을 갖지 말고, 세상을 달관한 듯이 살아야 한다. 「소문」에는 정신을 안정시켜서 가을의 숙살肅殺의 기운을 피하고, 신기神氣를 수렴하여 가을의 기운과 조화를 유지하고, 밖의 일로 마음이 흩어지지 말아야 하고, 폐기를 맑게 해야 한다. 이것이 가을에 수렴하는 양생의 도라고 하였다.

이러한 가을은 양기가 수렴되는 시기이므로 일찍 일어나서 가벼운 산책을 하나, 일찍 자야 한다. 마치 닭의 활동 시간과 같게 해야 한다. 가을에는 운동이나 노동으로 땀을 내지 말며, 성생활 등을 적당히 자제하여 양기의 수렴을 도와야 한다. 오래 걷거나 높은 산에 오르지 말아야 하고, 밤늦게 활동하거나 밤바람을 쏘여서는 안 된다.

가을에는 금인 폐 기능이 항진됨으로 폐를 안정시키고, 폐에 의해서 억제되는 간의 기능을 도와야 한다. 그래서 폐로 들어가는 매운맛의 음식을 줄이고, 심장으로 들어가는 쓴맛의 음식으로 폐의 기운을 억누르고, 신맛의 음식으로 간을 도와야 한다. 가을에는 폐로 들어가는 비린내가 많이 나는 생선과 속성이 찬 생야채나 생과일 그리고 찬 음식을 많이 먹는 것은 좋지 않다. 반면에, 수수, 팥, 참깨, 닭고기, 양고기, 염소고기 등은 보편적으로 좋다. 가을은 거둬들이는 계절이기 때문에, 영양을 충분히 섭취하고 체질에 맞는 보약을 먹는 것도 좋다.

6) 겨울의 양생

겨울은 대략 11월 11일부터 1월 19일까지 약 73일간이다. 겨울은 오행五行으로는 수水이고, 장부臟腑로는 신장腎臟과 방광이고, 오기五氣로는 한(寒 : 추위)이다. 한수寒水의 기운은 윤하潤下라고 하는데, 그 성질은 응축하고, 아래로 잠복하고, 안으로 닿아 감춘다.

이러한 겨울에는 신장의 기운이 항진되어 신장의 병과 그 짝인 방광의 병이 일어나기 쉽다. 그리고 강한 이 신장의 수 기운은 심장의 화 기운을 극하여 심장과 소장의 병으로까지 전변된다. 대체로 신실심허腎實心虛 증상이 나타난다. 대체로 등이 아프고, 신장염, 단백뇨, 소변불통, 요척통, 알레르기, 생리불순, 생리통, 자궁염증, 냉증, 신경쇠약, 잘 놀라는 것, 탈항, 하복통 등의 증상이 일어날 수 있다.

겨울의 기운은 양기가 안에 감춰져 있는 시기이므로, 마음은 이에 순응하여 안에 간직해야 한다. 「소문」에는 정신을 안으로 지켜서 마치 귀중한 것을 가슴속에 숨기고 있는 것처럼 생각을 밖으로 드러내서는 안 된다고 한다.

겨울은 양기가 안에 잠복되어 있는 시기이므로, 땀을 내거나 성생활로 정기를 손실해서도 안 된다. 육체노동이나 야외 활동을 줄이고, 운동을 줄여서 저장된 양기의 손상을 막아야 한다. 겨울에는 해가 뜬 후에 일어나고 일찍 자야 한다. 외출을 하거나 산에 오르거나 먼 곳으로 여행을 많이 하는 것도 좋지 않다. 명대의사인 만전萬全이 편찬한 의서인 『양생사요養生四要』에는 '안마나 도인은 양생술이지만, 겨울철에 행공하여 양기를 어지럽히거나 빠져나오게 해서는 안 된다.'고 하였다. 이는 비록 양생술일지라도 겨울에는 땀을 흘릴 정도로 양기를 발설해서는 안 된다. 또한 너무 따뜻하게 하거나, 뜨거운 물로 자주 목욕을 하여 기를 발산하는 것도 역시 좋지 않다. 반면에 발은 따뜻하게 하는 것이 좋으나, 머리는 알맞게 시원하게 해야 한다.

겨울에는 수인 신장 기능이 항진됨으로 신장을 안정시키고,

신장에 의해서 억제되는 심장의 기능을 도와야 한다. 그래서 신장으로 들어가는 짠맛의 음식을 줄이고, 비장으로 들어가는 단맛의 음식으로 신장의 기운을 억누르고, 쓴맛의 음식으로 심장을 도와야 한다. 겨울에는 신장으로 들어가는 돼지고기와 속성이 찬 생야채나 과일을 많이 먹는 것은 좋지 않다. 반면에 쌀, 찹쌀, 조, 기장, 수수, 팥, 쇠고기, 유제품, 양고기, 염소고기 등은 보편적으로 좋다.

6. 결혼양생

심리적 생리적 역할이 다른 남녀가 짝을 이루어 사는 것이 결혼이다. 이러한 결혼을 통하여 인류의 생존과 종족 번식이 가능한 것이다. 따라서 결혼하여 자식을 낳고 가족을 이루는 삶은 인간이 해야 할 당연한 의무다. 종교적인 목적이나 특별한 사정이 아니면, 결혼을 해서 남녀의 정을 나누고 자식을 낳고 가정을 이루고 살아야 한다. 만약 자신만의 행복을 위해서 독신으로 살거나 자식을 낳지 않는다면, 이는 인간의 지극한 도리를 모르는 짓이다.

더욱이 음양철학의 입장에서 보면 음만 있거나 양만 존재할 수 없고, 반드시 음양은 하나로 붙어있어야 한다. 『삼원연수참찬서』에서는 일음일양一陰一陽을 도라고 하고, 음만 있거나 양만 있는 것을 병이라고 한다. 음양이 조화되지 않는 것은 봄은 있으나 가을이 없고, 겨울은 있으나 여름이 없는 것과 같다고 한다. 더욱이 양생에서는 남녀의 음양이 알맞게 교류할 때 장수한다고 한다.

1) 임신과 태교를 바르게 해야 한다

「소문」에는 남녀의 성장 과정이 다르다고 한다. 여기에 따르면 여자는 7배수로 14세에 월경이 시작되고, 21세에 신기腎氣가 비로소 충만하고, 28세에 신체가 가장 건강하다. 반면에 남자는 8 배수로 16세에 정기精氣가 흐르게 되고, 24세에 신기腎氣가 비로소 충만하고, 32세에 신체가 가장 강건하다. 그리고 남자는 64세 여자는 49세를 넘지 않아 천지의 기운이 다 마른다고 한다.

그러면 언제 결혼해야 하는가. 『수세보원』에는 너무 일찍 결혼을 하면, 남자는 정기가 손상되고 여자는 혈맥이 손상되며, 머지않아 치료하기 어려운 병에 걸린다고 한다. 남제南齊의 저징褚澄이 편집한 의서인 『저씨유서褚氏遺書』에는 남자는 비록 16세에 정이 흘러도 반드시 30세에 장가를 가야하며, 여자는 비록 14세에 월경이 시작되어도 20세에 시집을 가야 한다고 한다. 이는 남자는 60세까지 약 30년간 여자는 50세까지 30년간 아이를 가질 수 있기 때문일 것이다. 즉, 음양의 기가 완전히 충실해진 이후에 교합하여야 한다는 것이다. 이때에 임신한 아이가 잘 성장하고 총명하고 장수할 수 있기 때문이다.

이렇게 결혼을 했으면, 좋은 날 바르게 임신해야 한다. 많은 의서에는 임신해서는 안 되는 날을 언급하는데, 그 중에서 지나친 추위나 더위 비나 바람 천둥 번개와 같은 기후가 나쁜 날을 꼽고 있다. 장경악이 쓴 『경악전서景岳全書』에는 '오직 날이 맑고, 시원한 바람이 불고, 기후가 상쾌하고, 정서가 안정되고, 정신적 여유가 있는 상태에서 교합해야 한다. …… 이렇게 얻은 자식이 질병이 없고, 총명하고, 어질다.'고 한다.

다음에는 건강상태다. 명나라 만전萬全이 편찬한 『광사기요廣嗣紀要』에는 정신적으로 피곤하고, 우울하고, 두렵고, 슬프고, 화가 나고, 술이 취하고, 배가 부르고, 병이 발생했거나 막 치유되었을 때, 교합하여 임신을 하면 모자의 생명을 보존하기 어렵다고 한다. 특히 술이 취했을 때 임신하게 되는 것을 매우 금했다. 중국의 위대한 시인 이백, 두보, 도연명 등은 뛰어난 천재였으나, 지나친 음주 때문에 그 자식들은 모두가 평범하였다. 도연명은 만년에 '자손의 우둔함은 아마도 술잔 속의 그것이 준 해로움 때문인 듯하다'라고 한탄하였다.

바르게 임신이 됐으면 다음에는 태교를 해야 한다. 태교란 태아가 모체 내에서 훌륭한 자질을 얻을 수 있도록 취하는 교육이나 영양섭취 등을 말한다. 임신하면 모자가 일체가 되어 기혈이 상통할 뿐만이 아니라, 정서 또한 영향을 미치기 때문이다. 태교는 임신했을 때부터 하면 이미 늦었다고 할 만큼 빠를수록 좋다. 아기의 건강이나 지능 등은 이미 뱃속에서 거의 형성되기 때문이다.

임신한 중에 가장 조심해야 할 것은 성생활을 하지 말아야 한다. 만약 이를 어기면 신기腎氣가 손상되어 임산부뿐만이 아니라 태아의 발육에도 많은 지장을 준다. 청나라 극제거사亟齊居士가 저술한 부인과 의서인 『달생편達生篇』 등의 많은 의서에서는 이렇게 태어난 아기는 우둔하고 질병이 많다고 한다.

다음은 정서의 안정이나 도덕적인 삶이다. 송나라 진자명陳自明이 편찬한 부인과 의서인 『부인대전양방婦人大全良方』에서는 이에 대해 이렇게 말한다.

임신한 후에는 반드시 걷는 것과 앉는 것을 단정히 하고, 감정을 기쁘게 갖고, 항상 조용한 방에서 거처하고, 아름다운 말들을 많이 듣는다. …… 나쁜 말을 듣지 말고, 나쁜 것을 보지 않는다. 이렇게 해서 낳은 자식은 장수하고, 충효하고, 현명하다. 이를 어겨서 낳은 자식은 비천하고, 단명하고, 우둔하다.

태교가 우수한 아이를 낳는데 효과가 있다는 것은 모든 의서에 동의하는 바이다. 『박물지』에서도 위와 유사한 다음과 같은 태교를 말하고 있다.

부녀자가 임신을 하면, 추악한 물건이나 기이한 새나 짐승 등을 보아서는 안 된다. 그리고 이상한 맛의 음식물도 피해야 한다. …… 바른 자리가 아니면 앉지 않고, 바르게 썰지 않은 음식은 입에 대지 않아야 한다. 좋은 시서를 아름답게 읊는 소리를 듣거나 읊어야 하고, 음란한 소리를 듣지 말아야 하고, 사악한 것을 보지 말아야 한다. 이렇게 태교하여 얻은 아기는 현명하고, 행동이 단정하고, 장수를 누릴 수 있다.

다음은 음식을 조심해서 섭취해야 한다. 『달생편』에는 '산모가 섭취하는 음식은 담백해야지 기름져서는 안 되며, 맑아야지 탁해서는 안 되며, 달고 평온해야지 맵고 열성이어서는 안 된다.'고 한다. 임신을 하면 몸의 상태가 음이 허한 상태가 되기 때문에, 조열燥熱한 음식물을 많이 먹으면, 음이 상해서 음혈陰血이 더욱 부족하게 된다. 그래서 기름에 튀기고 볶은 음식을 즐겨 먹으면, 열독이 안에서 쌓이게 되어 태아의 태열胎熱이나 태독胎毒이 된다. 대부분의 야생의 들짐승은 그 성질이 조燥하고, 수컷은 열熱이 있다. 그리고 짜고, 시고, 달고, 쓰고, 매운맛 등의 오미가 지나치게 강한 것도 안 된다.

임신 중에는 앞의 정신양생, 음식양생, 기거양생 등을 철저히 지키는 것이 좋다. 그 중에 임신 중에는 약이나 술을 먹는 것은 대단히 조심해야 한다. 또한 노동과 운동도 대단히 조심스럽게 적당히 해야 한다. 오래 서 있거나, 무거운 것을 들지 말아야 한다. 임신 전반기 5개월까지는 몸을 편안히 하는 것이 좋으며, 5개월 이후에는 적당히 움직이는 것이 좋다.

2) 방사를 자제해야 한다

『양성연명록』에는 인간 수명의 장단은 결정된 것이 아니라, 다음과 같이 모두가 자신의 생명을 온전히 간직하지 못했기 때문이라고 한다.

사람 수명의 길고 짧음은 저절로 그렇게 된 것이 아니다. 모두가 자기 몸을 조심스럽게 다루지 않았기 때문이다. …… 음란함이 지나치고 음양의 이치를 거스르기 때문에, 혼신魂神을 지키지 못하고 정精이 말라 명命이 쇠약하니 온갖 병이 일어난다. 그러한 까닭에 천수를 누리지 못한다.

여기서 음란함이나 음양의 이치는 남녀의 성생활과 관련된 일이다. 이러한 남녀의 성생활을 방사房事라고 하는데, 방사는 쾌락을 목적으로 하는 성교라고 할 수 있다. 방사는 앞에서 본 바처럼 결혼한 인간에게는 필요한 일이다. 그럼에도 지나치거나 법도에 어긋나면 생명을 손상시킨다는 것이다. 『포박자』에서도 '사람은 음양을 서로 사귀어야 한다. 그렇지 않으면 앉아서 질병을 부르는 짓이다.'라고 하였다. 그러면서 바로 '만약 방종하여 정욕을 절제하지 못하면 수명을 단축하게 된다.'고 단언한다.

방사가 수명을 단축하게 되는 까닭은 정精을 소모하기 때문이다. 이때 소모되는 정은 인간 생명의 근원에 해당된다. 이에 대해 명대의 유명한 의사 장경악은 다음과 같이 말한다.

> 욕망을 함부로 쫓아서는 안 된다. 방종하면 정精이 소진되고, 정이 소진되면 진기眞氣가 흩어진다. …… 반대로 정이 가득 차면 기가 왕성해지고, 기가 왕성해지면 신神이 온전해지고, 신이 온전해지면 신체가 건강해지고, 신체가 건강해지면 질병이 사라진다. 신기神氣가 견고하고 강하면 비록 늙더라도 날로 건강해진다. 이 모두가 정에 근본을 두고 있기 때문이다.

이처럼 방사에 의해 정이 소모되는 것은 매우 위험한 것으로 보았다. 『천금익방』에서는 '마음 내키는 대로 방사하면 스스로 죽는 것과 같다.'고도 하고, '그 정욕을 함부로 하면 그 목숨이 아침이슬과 같다.'고도 하였다. 『양성연명록』에서도 '장수의 도를 닦는 것은 정을 보물처럼 아끼는 것이다.'라고 하였다. 『고금의통』에서도 '장생의 요체는 방 안에 있다. 현인은 이를 깨달아 장수하고 병을 다스리고 스스로 상하지 않는다. 어리석은 자는 욕망에 따라 방종하여 수명을 해친다.'고 하였다. 그러나 이 색욕을

억제하기란 그리 쉽지 않다. 이에 대해 『만수단서』에서는 이렇게
말한다.

대체로 인간의 욕망 가운데 색욕이 가장 심하기 때문에, 비록 성현
이라도 이를 없앨 수 없다. 그래서 공자도 '나는 덕을 좋아하기를
색을 좋아하는 것 같이 하는 자를 아직 보지 못했다.'고 하였다. 맹
자도 '마음 수양하는 것은 색욕을 적게 하는 것보다 좋은 것은 없
다.'고 히었다. …… 진리를 닦는 신비는 색욕을 줄이고 성을 보선
하는 것이 급선무임을 알아야 한다. 진리를 닦더라도 정을 잘 보전
하지 못하여 정이 부족해지면 기가 마르며, 기가 말라버리면 신神
이 시든다. 마치 나무의 뿌리가 마르면 가지가 마르고 잎이 떨어지
는 것과 같다.

『준생팔전』에서는 정욕 절제의 중요성을 다음과 같이 장황하
게 강조하고 있다. 일반인에게는 지나친 감이 들 수도 있으나,
마음에 새겨둘 만한 내용이다.

색욕을 경계할 줄 알면 열 가지 장수 효과가 있다. 음양이 잘 합쳐
지고 절도가 있으면 장수할 수 있다. 입방入房에 기술이 있고 적절
한 시기에 정욕을 잊을 수 있으면 장수할 수 있다. 젊은 미인에 빠
지지 않고 잘생긴 청년에 빠지지 않으면 장수할 수 있다. 요염함을
탐하지 않고 저자거리의 여인을 가까이 하지 않으면 장수할 수 있
다. 정을 황금같이 아끼고 몸을 보물처럼 아끼면 장수할 수 있다.
보약을 부지런히 복용하고 하단전을 보익하면 장수할 수 있다. 외

색外色을 탐하지 않고 마음을 혼란시키지 않으면 장수할 수 있다. 망상에 빠지지 않고 몽정하지 않으면 장수할 수 있다. 젊어서 환락을 탐하지 않고 늙어서 경계할 줄 알면 장수할 수 있다. 색을 원수처럼 피하고 욕망을 억제할 줄 알면 장수할 수 있다.

그러면 어느 정도가 적당한가. 이 방사의 횟수에 관해서는 익서마다 약간 다르다. 그 중에서 양생가의 대표적인 의사 손사막의 『천금요방』의 견해가 가장 권위가 있을 듯하다. 거기에는 20세에는 4일에 한 번, 30세에는 8일에 한 번, 40세에는 16일에 한 번, 50세에는 21일에 한 번 방사하며, 60이 넘으면 방사하지 말라고 하였다. 그러면서 60이 넘은 자 중에 기력이 아주 강한 자는 한 달에 한 번은 가능하다고 한다.

반면에 종합의서라고 할 수 있는 『의심방』에서는 다음과 같이 자연의 규율에 근거하여 방사를 조절하라고 한다.

봄에는 3일에 한 번 방사하고, 여름과 가을에는 한 달에 한 번 방사하고, 겨울에는 폐장하여 방사하지 않는다. 천도가 그 양을 폐장하면 사람도 역시 이에 상응해야 한다. 겨울의 한 번의 방사는 봄에 백 번의 방사와 맞먹는다.

이처럼 계절에 따라서 방사를 조절하는 것은 소우주인 인간이 대우주의 질서에 따르는 매우 훌륭한 양생의 법도다.

그러나 이처럼 외적으로 방사를 자제해도 내면에서 생명력을 성 에너지로 전환시켜서는 안 된다. 내면에서 생명력이 정자로 전환되면, 이미 내 생명이 아니고 배출되어야 할 것이기 때문이다. 생명력을 성 에너지로 전환되게 하는 것은 마음속으로 음심을 품거나, 음란물 등에 의해 자극을 받을 때다. 또한 파, 마늘, 부추, 달래와 같은 오신채, 생선회와 같은 날고기, 뱀과 같이 정력에 좋다는 음식, 성 흥분제 등을 복용할 때다. 이것들은 정을 보충하는 것이 아니라, 심신을 혼란하게 하여 정을 밖으로 내보내려는 충동성 식품이다. 따라서 이러한 음식들은 양생에 바람직한 음식이 아니다.

3) 교합해서는 안 되는 때가 있다

쾌락만을 위한 성교를 주로 방사라고 한다. 반면에 임신과 같은 바른 목적으로 성교하는 것을 교합交合이라 한다. 비록 바른 목적이지만 남녀가 교합해서는 안 되는 때가 있다.

그 첫째는 앞에서 본 바처럼 임신기간과 출산 후 백 일까지는 교합해서는 안 된다. 수유기간 동안에도 가급적 삼가는 것이 좋다. 산모와 아기 모두에게 손상을 준다. 또한 생리중일 때도 역시 교합해서는 안 된다.

다음은 배가 너무 부를 때와 술이 많이 취했을 때 교합해서는 안 된다. 이때 교합하면 혈기가 손상된다. 특히 술이 취했을 때는 더욱 안 좋다. 「소문」에는 술이 취해서 교합하면, 정을 말리고 진기를 소모하고 흩어버린다고 한다. 특히 술이 취하면 자제력이 떨어지고 쉽게 흥분하므로, 방사에서도 욕정에만 급급하여 신정腎精을 소진하므로 온갖 병을 일으킨다고 한다. 『양성연명록』에서는

'취한 상태로 성교하여 방사하면 작게는 얼굴이 검어지고 천식이 생기며, 크게는 오장을 손상시켜 수명을 감소시킨다.'고 한다.

또한 감정이 지나치게 흥분된 상태에서 교합하면 안 된다. 과도한 정신적 자극은 「정신양생」에서 본 바처럼, 기혈을 혼란시키고 장부의 기능에 영향을 준다. 그래서 이러한 상태에서 교합하면 질병의 원인이 된다. 따라서 지나치게 기쁘거나, 슬프거나, 두렵거나, 노여운 상태에서 교합해서는 안 된다.

다음은 정기가 손상되기 쉬운 상태에서 교합하면 안 된다. 이러한때는 목욕 또는 머리를 감고 난 직후, 몹시 피로한 상태, 먼 길의 여행 후, 질병을 앓는 동안이나 회복 단계다. 또 성욕이 일어나지 않는데 억지로 교합해서도 안 된다. 『삼원연수참찬서』에 따르면, '억지로 성교하면 정기가 소모되고, 정기가 소모되면 신장이 손상되고, 신장이 손상되면 골수가 말라서 허리가 아프고 굴신을 할 수 없게 된다.'고 한다. 또한 정기가 부족한 노인이나 허약한 사람도 교합해서는 안 된다. 『수세보원』에서는 이렇게 말한다.

허약자나 고령자는 혈기가 이미 약해져 있는데, 성욕이 갑자기 일어나면 반드시 조심하여 억제해야 한다. 마음대로 해서는 안 된다. 한 번에 정이 빠져나가고, 또 한 번에 생명의 불이 꺼지고, 또 한 번에 진액이 다 마를 것이다.

특정한 날이나 두드러진 이상기후에도 교합해서는 안 된다. 침구서인 『화타침구경』에는 동지, 하지, 설날 전 3일부터 그 다

옛날까지는 침이나 뜸은 물론이고, 교합을 금기하였다. 이것을 범하면 목숨을 잃는다고 한다. 많은 의서에는 특히 동지와 하지 전후에는 교합을 하지 말라고 하였다. 천지의 변화가 인간의 생리에 동일하게 작용을 하기 때문이다. 손사막은 다음과 같이 상세하게 교합금지에 대해 말하고 있다.

교합하는 데에는 병일丙日과 정일丁日을 피하고, 상현, 하현, 보름, 그믐을 피해야 한다. 다음은 심한 바람, 심한 비, 심한 안개, 심한 추위, 심한 더위, 번개, 벼락, 연무 등으로 천지가 어두울 때, 일식, 월식, 무지개, 지진이 있을 때는 교합을 피한다. 만약 이때에 여자와 교합하면 신神이 손상되어 좋지 않다. 남자는 크게 손상되고 여자는 병을 얻으며, 자식이 생기게 되면 반드시 정신장애이거나, 장님 벙어리 귀머거리이거나, 손발이 굽고 병이 많아 요절하거나, 어질지 않고 효도하지 못한다.

교합해서는 안 되는 장소에 관한 내용도 많다. 그 중에서 사당, 사찰, 우물, 부엌, 변소, 무덤, 시신 옆에서 교합해서는 안 된다는 내용도 있다. 이는 옛사람들이 신성하게 여긴 곳, 더럽다고 여긴 곳, 귀신이 있다고 여긴 곳이다. 참고할 만한 내용이다. 상식적으로 안 좋은 장소는 시끄럽고, 산란하고, 나쁜 냄새가 나고, 불안정한 곳은 물론 안 좋다. 의서에서 강조하는 것은 밝은 대낮과 밤에 불을 켜놓고 교합하는 것을 매우 금지하였다.

4) 방중술을 맹신하면 안 된다

방중술房中術은 본래 남녀의 성생활에 필요한 위생술이었다. 이러한 사상이 음양학설이 유행함에 따라 남녀의 성관계를 우주적 관점에서 바라보고, 성관계를 통해 우주의 질서에 부합하여 건강 장수를 도모하고자 한 것이다. 다음은 방중술을 설한 중국 의학서인 『소녀경素女經』의 일부 내용이다.

> 황제가 소녀에게 물었다.
> '얼마 동안 교접을 삼가려고 하는데, 어떻게 생각하고 있는가.'
> 그러자 소녀가 대답했다.
> '그것은 옳지 않은 생각입니다. 천지 음양의 두 기氣의 개폐에 따라서 계절 밤낮 명암의 변화가 있습니다. 인간은 이 음양의 원리에 따라 계절에 순응해서 삶을 이어나가는 것입니다. 그런데 지금 교접을 그만두신다면, 이 법칙을 거스르는 것이 되어 신기神氣가 퍼지지 않고 음양의 길이 막혀버립니다. 그렇게 되면 무엇으로써 생명의 근원인 원기를 스스로 보충할 수 있겠습니까.'

여기서 황제黃帝와 소녀素女는 중국 고대신화에 나오는 왕과 여신이다. 이 내용은 남녀의 교합은 우주의 음양의 질서와 부합한다는 것이다. 따라서 교합하지 않는 것은 자연의 법칙에 따르지 않는 것이고, 그에 따라 생명의 근원인 원기를 보충할 수 없고, 심신을 쇠약하게 한다는 것이다.

이러한 방중술은 더욱 발전하여 교합을 통하여 불로장생을 얻고자 하는 것이다. 이것에 관계된 의학 서적은 대단히 많다. 그 중에서 이것의 핵심만을 추려서 체계를 세운 서적이 『의심방醫心方』에 있는 「방내편房內篇」이다. 이것의 요점은 이렇다.

1. 되도록 많은 여자들을 바꾸어 교접한다[易女].
2. 젊은 여자와 교접한다[御少女].
3. 자주 많이 교접한다[多接].
4. 사정을 자주 하지 않는다[小泄].
5. 사정하는 것을 참아서 그 정을 다시 체내로 돌린다[還精].

이 중에서 사정하지 않는 것과 정을 체내로 돌리는 것이 방중술의 요체다. 즉, 교접을 하되 사정을 하지 말라는 것이다. 이를 접이불루接而不漏라 한다. 이 구체적인 방법은 사정이 되려 할 때, 회음혈會陰穴을 손으로 누르는 방법, 의식을 다른 곳으로 돌리는 방법, 배를 당기며 호흡을 멈추는 방법 등이 있다. 이렇게 함으로써 환정이 가능하다고 한다. 「방내편」에서는 이 효과를 이렇게 설명한다.

첫 번째 사정이 되려는 것을 참고 사정하지 않으면, 기력이 강해진다.
두 번째 사정이 되려는 것을 참고 사정하지 않으면, 귀와 눈이 밝아진다.
세 번째 사정이 되려는 것을 참고 사정하지 않으면, 모든 병이 없어진다.

네 번째 사정이 되려는 것을 참고 사정하지 않으면, 오장이 모두 편해진다.

다섯 번째 사정이 되려는 것을 참고 사정하지 않으면, 혈맥이 충실해진다.

여섯 번째 사정이 되려는 것을 참고 사정하지 않으면, 등허리가 튼튼해진다.

일곱 번째 사정이 되려는 것을 참고 사정하지 않으면, 하초下焦가 더욱 튼튼해진다.

여덟 번째 사정이 되려는 것을 참고 사정하지 않으면, 몸에 윤기가 돈다.

아홉 번째 사정이 되려는 것을 참고 사정하지 않으면, 수명이 연장된다.

열 번째 사정이 되려는 것을 참고 사정하지 않으면, 신명神明을 통하게 된다.

이처럼 방중술의 목적은 쾌락을 즐기면서 건강과 장수를 추구하는 것이다. 이러한 점에서 실용적인 중국인들에게 적합한 수행법이라 할 수 있다. 그러나 방중술에는 몇 가지 문제점이 있다.

그 중 하나는 비윤리적이라는 점이다. 문헌에 나타나는 방중술의 상대 여성은 아주 어린 소녀여야 하고, 남자에게 이롭도록 하는 까다로운 육체적 조건을 갖춰야 하고, 또한 상대 여성을 자주 바꿔야 한다는 점이다. 더욱이 방중술의 절대 원칙은 주로 남자가 여자로부터 기를 빼앗는 일방적인 방법이라는 점이다.

다음은 많이 교접하면서 사정하지 말라는 것이다. 이것은 말은 쉽지만 실제로는 거의 불가능하다고 할 수 있다. 결국에는 사정하여 정의 손실을 피할 수 없다. 또한 성욕이 발동하면, 생명 에너지가 정자로 만들어지기 때문에 소변 등을 통해서라도 밖으로 나가야 한다.

마지막 환정還精 즉, 환정보뇌還精補腦는 오직 사정을 하지 않고 오래 참음으로써 가능한 방법이 아니다. 환정보뇌는 기공수련氣功修鍊을 통해서 소주천과 대주천이 자유롭게 될 때 가능한 공법이다. 따라서 기공수련을 통해서 주천이 가능하다면 이 방중술을 권할 수 있다. 그러나 일반인들에게는 이 방중술은 권장할 만한 수행법이라고 할 수 없다. 『포박자』에서도 '만약 올바른 방중술을 얻지 못한다면, 교접을 통해서 몸이 손상되거나 죽지 않는 사람이 만 명 중에 한 명도 없다.'고 한다. 그러므로 일반인은 다음과 같은 『천금요방』의 내용을 바르게 알고 실천하는 것으로 충분하다.

대체로 음양교접에서는 그 기가 아직 교감하여 움직이지 않고 양기가 미약하면 무작정 교합하려고 해서는 안 된다. 우선 천천히 여체를 희롱하여 신神과 의意의 좋은 느낌이 무르익어 음기가 이에 응하게 되면, 양기도 역시 저절로 강하게 된다. 진퇴에는 약하게 밀어 넣고 강하게 빼내는 방법으로 하되, 정이 동하면 이내 그친다. 위에서 사정하지 말아야 한다. 그러면 오장이 뒤집히고 정精과 맥脈이 끊어지고 손상되어 만병의 근원이 된다.

II. 수명을 늘리는 양생법

II. 수명을 늘리는 양생법

인간의 수명은 최대 120세라고 한다. 그러나 대부분은 살아가면서 이미 생명을 손상시켰기 때문에, 남은 수명이 얼마 되지 않는다. 예를 들면 나이가 50세이지만 남아있는 생명력은 40년이 안될 수도 있다. 그것조차도 함부로 사용하여 그보다 훨씬 일찍 죽는 경우가 허다하다. 따라서 남은 생명을 다 채우고 죽기 위해서는 지금 이 순간부터라도 앞의 「천수를 다하는 양생법」을 잘 준수하여야 한다. 그리고 나서 이 「수명을 늘리는 양생법」을 바르게 실천하면, 자신에게 남은 생명보다는 훨씬 건강하게 오래 살 것이다.

그런데 이 장에서 「양생법의 기초이론」과 「운기체질양생은」은 일반인에게는 조금 어려운 내용일 수도 있다. 이해가 되지 않으면 그냥 지나쳐도 된다. 그러나 체질을 알지 못하면 양생을 그르칠 수도 있으므로, 자기 체질은 전문가를 통해서 알아두어야 한다. 「기공양생」은 생명을 늘리는 최고의 양생법이다. 그러나 혼자 이해하고 수련하기는 매우 어렵다. 가급적이면 전문가의 도움을 받도록 한다.

1. 양생법의 기초 이론

양생법을 바르게 이해하고 실천하기 위한 이론이 있다. 그것은 기철학을 바탕으로 하는 세계관과 인간관이다. 특히 기의 음양오행 이론은 세계뿐만이 아니라, 한의학적인 인간의 이해에도 반드시 필요한 이론이다. 이 이론은 전문적으로 들어가면 매우 어려우나, 여기서는 양생법을 이해하고 실천하는데 필요한 간단한 내용만을 소개한다.

1) 우주의 근원으로서의 기

양생법의 철학적 배경은 기철학氣哲學이다. 기氣라는 글자는 땅에서 피어오르는 아지랑이, 사람의 호흡에서 나오는 입김, 하늘에 떠도는 구름 등의 모양을 본 뜬 상형문자이다. 이러한 원초적 의미의 기는 천기나 지기와 같은 기후, 혈기나 정기와 같은 생명력, 용기나 호연지기浩然之氣와 같은 정신과 같은 의미로 확대되었다. 그리고 음양의 기와 같은 철학적 개념과 관련을 맺으면서 형이상학적 의미로 확대되었다.

이렇게 기는 여러 의미를 함축하고 있기 때문에, 다양한 발달과정이 있었다. 그 중에서 이러한 기철학을 기일원론氣一元論 철학으로 집대성한 사람은 북송시대의 장재張載다. 그는 기를 우주의 본체로 삼았다. 그의 사상은 한의학이나 유교 도교철학은 물론이고, 현대의 양자역학과 상통하는 바가 많아서 주목할 만하다.

그의 저서 『정몽正蒙』에 따르면, '태허太虛는 기의 본체다. ……
형체로 모아지면 사물이 되고, 형체가 흩어지면 근원인 태허로
돌아간다.'고 한다. 그러므로 태허는 기의 또 다른 이름으로 둘은
같은 것이다. 굳이 구별하자면, 무형의 기가 태허이며, 기의 유형
의 상태가 만물이다. 그래서 그는 '태허에는 기가 없을 수 없고,
기는 모여서 만물이 되지 않을 수 없으며, 만물은 흩어져서 태허
로 되지 않을 수 없다.'고 한다. 즉, 무형의 태허와 유형의 만물
은 상호 전환한다. 왜냐하면 이 둘의 근원이 하나의 기이기 때문
이다. 이는 무한한 우주의 공간에는 무한한 기로 가득 차 있고,
기가 없거나 기가 아닌 것은 없다는 의미다. 이러한 기 사상 특
히 기일원론 또는 주기론主氣論의 철학은 다음과 같은 몇 가지로
특징지을 수 있다.

첫째, 기는 만물의 근원이다. 천지만물의 기초이고, 질료이다.
따라서 신神이나 도道나 태극太極이나 모두 기를 근원으로 하는
것이고, 기로 구성되지 않은 것은 없다.

둘째, 기는 만물의 운동과 변화의 주체다. 기는 음양과 오행의
구조로 되어 있어서 움직이고 모이고 흩어져서 만물에 변화를
주고, 조화로운 질서를 이룬다.

셋째, 기가 인간의 정신과 육체를 이룬다. 따라서 몸과 마음의
작용은 물론이고, 장수와 요절, 빈부와 귀천 등이 모두 기에 달
려있다.

2) 기의 음양

다양한 만물을 이루고 있는 기는 하나다. 그러나 이 하나는 마치 동전의 앞뒤처럼 양면성을 갖고 있다. 그것이 음과 양이라는 상대적 속성이다. 『주역』에서는 우주만물의 근원인 태극太極은 한 짝[兩儀]을 낳는다고 했는데, 그것이 음과 양이다. 그러나 이 둘은 하나 가운데 존재하는 대립하는 양면이지, 분리할 수 있는 것은 아니다. 이렇게 한 존재에는 두 가지 속성의 대립과 통일이 있다.

이 우주만물이 영원히 존재하고 끊임없이 변화하는 것은 이 음양 두 기가 상호작용하기 때문이다. 이러한 작용으로 말미암아 우주만물은 상호 연관성을 갖고 존재한다. 따라서 이 우주나 인간의 존재 형식이나 법칙도 이 음양의 원리다. 이러한 음양이론은 동양철학이나 의학의 근간이 된다. 『내경』에서는 '음양이란 우주의 도道이며, 만물의 기강綱紀이며, 변화의 부모이며, 생사의 원리이며, 신명神明이 머무는 곳이다'라고 하면서 '사람이 생겨 형태를 갖추면, 음양을 떠날 수 없다.'고 한다.

이렇듯 음양의 원리는 우주뿐만이 아니라 소우주로서의 인간의 구조이고 생사의 법칙이다. 그러나 음과 양은 하나의 기에 내재된 하나의 원리이지, 음과 양이 각기 따로 존재하는 둘은 아니다. 음과 양은 분리할 수 없는 하나의 원리다. 하나의 양면성으로 존재하는 이러한 음양의 상대적 속성의 예는 다음 도표 [자연계와 인체의 음양]에 있다. 이러한 음양은 다음과 같은 몇 가지 특징이 있다.

첫째, 상호 대립한다. 모든 만물은 이러한 대립적인 상대성을 갖고 있다. 그러나 이러한 대립성은 절대적인 대립이 아니라, 한 사물에 있는 양면성을 의미하는 것이다.

둘째, 상호 의존한다. 음양은 각각 분리된 독립적인 존재가 아니라 서로 의존하여 존재한다. 예를 들면 위上 없는 아래下라는 개념이 없듯이, 대립은 곧 서로 의존하는 하나의 양면성이 된다.

셋째, 상호 소장消長한다. 서로 대립하면서 서로 의존하는 음과 양의 속성은 정지되어 불변하는 상태가 아니라 항상 움직이고 변화한다. 이러한 변화의 원인은 상대적인 평형을 유지하기 위한 작용이다.

넷째, 상호 전화轉化한다. 소장과 유사한 변화이나 완전히 정반대 방향으로 바뀌는 변화이다. 즉, 음이 변하여 양이 되고 양이 변하여 음이 된다. 예를 들면 얼굴이 붉어지고 열이 나는 열병이 극에 달하면 갑자기 창백하고 추워지는 냉병으로 바뀌는 등의 현상이 전화다.

다음 그림 1, 2의 흑백은 음양의 상호대립과 상호의존 관계를 상징화한 것이다. 또한 음 가운데 양이 있고 양 가운데 음이 있다는 상징이다. 그림 1의 곡선은 상호소장과 상호전화를 상징화한 것이다.

【태극과 음양 1】　　　　　　　【태극과 음양 2】

 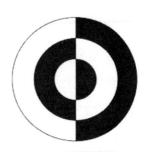

3) 기의 오행

　　음양은 기의 양면성이다. 이것으로 이 세계와 인간을 이해할
수도 있다. 그러나 복잡한 우주만물을 설명하기에는 부족한 점이
있다. 그래서 좀 더 세밀하게 만물의 존재와 변화의 원리에 대한
이해가 기의 오행이다. 이것은 이 우주를 연쇄적인 관계, 즉, 유
기적인 순환성을 설명하는 이론이다.

　　오행이란 만물의 기본이 되는 근본물질 다섯 가지와 그 운동
변화를 말한다. 다섯 가지 근본 물질은 목·화·토·금·수다. 목
木은 곡직曲直이라 한다. 즉, 수목처럼 굽기도 하고 곧기도 하며
위로 성장하여 뻗어나가는 속성의 기다. 화火는 염상炎上이라 한
다. 즉, 불처럼 열기가 위로 밖으로 발산하는 속성의 기다. 토土
는 가색稼穡이라 한다. 즉, 땅에다 농사짓듯이 만물을 받아들이고
조화시키는 속성의 기다. 금金은 종혁從革이라 한다. 즉, 쇠처럼
냉혹하고 변혁變革하고 안으로 거두어들이는 속성의 기다. 수水는
윤하潤下라 한다. 즉, 물처럼 사물을 적셔주고 아래로 모이게 하

는 속성의 기다.

우주만물은 이 다섯 가지에 속하지 않는 것은 없다. 이 다섯은 고정불변하는 것이 아니라 끊임없이 운동하고 변화한다. 이러한 운동변화를 행行이라 한다. 행은 조장하고 협력하는 상생相生 관계와 억제하고 저지하는 상극相剋 관계가 있다. 상생이란 목은 화를 생하고, 화는 토를 생하고, 토는 금을 생하고, 금은 수를 생하고, 수는 목을 생하는 관계를 말한다. 반면에 상극이란 목은 토를 극하고, 토는 수를 극하고, 수는 화를 극하고, 화는 금을 극하고, 금은 목을 극하는 관계다. 이것을 도식으로 보면 다음과 같다.

【오행의 상생상극도】

4) 소우주로서의 인간

우주의 근원이 하나의 기氣라면, 인간도 하나의 기다. 「소문」에서 말하듯 '사람은 천지의 기운으로 생성된 것'이기 때문이다. 『천금익방』에서는 '사람은 천지의 기 속에서 살아간다.'고 하였다. 따라서 인간도 당연히 천지와 똑같은 구조나 법칙성이 적용되어야 한다. 똑같지는 않더라도 상호 연계성이나 공통 규율이 적용되어야 한다. 이러한 일원론적인 철학이 만들어낸 관념이 '우주는 하나의 대천지이고, 인간은 하나의 소천지[宇宙是一大天地, 人身是一小天地]'라는 것이다. 이러한 관점에서 '우주와 나는 하나로 합할 수 있다[天人合一]'는 사상이 나올 수 있다.

이러한 사상은 이미 맹자孟子에서부터 나타난다. 그는 '만물의 이치가 모두 나에게 갖추어져 있다[萬物皆備於我]'고 한다. 이 말은 자기본성을 극진히 계발하면, 우주를 알뿐만이 아니라 합일할 수 있다는 것이다. 그가 말하는 호연지기浩然之氣는 우주와 합일할 수 있는 인간의 기이며, 동시에 천지에 꽉 차있는 기이다.

한 걸음 더 나아가 기 철학자 동중서董仲舒는 천지 사이의 음양의 기를 논하면서 '하늘과 인간은 감응한다[天人感應]'는 이론을 편다. 그래서 그는 '음양의 기는 하늘에도 있고 인간에게도 있다'거나, '천지의 음양과 꼭 닮은 부분이 항상 몸에 베풀어져 있기 때문에, 인간의 몸은 천지와 같다'고 한다. 이 말은 우주와 인간은 서로 상통할 뿐만이 아니라, 인간은 하늘 즉, 우주를 그대로 닮은 소우주라는 것이다.

이러한 소우주로서의 인간, 기로서의 인간을 보다 구체적이고 실제적인 방면으로 밝히고 이용한 것은 도교의 수련 이론과 한의학의 이론이다. 도교에서 만고의 단경왕丹經王이라는 경전이 『주역참동계周易參同系』다. 여기서는 하늘과 땅을 상징하는 주역의 건乾·곤坤 두 괘로 본체를 삼고, 감坎··리離 두 괘로 물과 불을 상징하여 우주의 작용으로 삼았다. 이것은 인체의 머리를 건이라 하고 배를 곤이라 하는 것이며, 부동의 하늘과 땅 사이에서 역동적인 작용을 하는 물과 불은 신장이 주관하는 수기水氣와 심장이 주관하는 화기火氣를 의미한다. 이렇듯이 호흡수련은 이 두 음양의 기의 운용을 기본으로 한다. 이 부분은 「기공양생」에서 자세히 다룰 것이다.

의서인 『황제내경』은 전국戰國시대에서 한나라 초까지 형성된 중국의학의 최고 경전이다. 이 의학이론두 인간을 우주와 상응하는 존재로 파악하고 있다. 여기서 '사람은 천지天地의 기로 생긴다. 사람은 땅에서 나서 하늘에 목숨을 맡긴다. 천과 지가 합한 기를 이르러 사람이다'라고 한다. 이처럼 인간은 우주적 존재라는 것이다. 소우주로서의 인간은 우주의 존재 형식이나 변화 법칙을 그대로 간직하고 있다. 그래서 우주와 잠시도 떨어질 수도 없을 뿐만이 아니라, 항상 서로 밀접한 관계를 유지하는 존재다. 그러므로 인간은 우주의 존재형식이나 법칙을 알고 그에 따라야 한다. 이것이 「내경」을 비롯한 중국의학의 이론이며, 양생이나 수련의 원리가 된다.

5) 음양오행과 심신

앞에서 대우주의 음양오행의 구조를 보았는데, 소우주로서의 인간의 구조도 대우주의 구조와 동일하다고 본다. 음양으로 본다면 인체의 상부는 양이고 하부는 음이고, 겉은 양이고 속은 음이다. 이것을 좀 더 세분하여 오장육부를 음양으로 보면, 간, 심, 비, 폐, 신의 오장은 음이고, 담, 소장, 위장, 대장, 방광은 양이다. 그뿐만이 아니라 생리기능이나 질병을 음양으로 대별하면 다음 도표 [자연계와 인체의 오행]과 같다. 이것을 다시 오행으로 분류하면 다음과 같다.

목과 같은 속성의 음의 장부는 간肝이다. 이 간은 소설疏泄을 주관하는데, 이는 정서나 혈액이나 영양이 막히지 않게 소통시키는 기능이다. 또한 간은 혈액을 저장하고, 근육을 주관한다. 간은 눈을 통해 외부와 교류하고, 그 상태는 손발톱에 나타나고, 그 액체는 눈물이다. 간의 짝인 양의 장부는 담膽이다. 담은 소화의 소설을 돕고, 결단력을 주관한다.

화와 같은 속성의 음의 장부는 심心이다. 이 심은 혈맥을 주관하는데, 이는 혈액과 심장박동에 의한 혈액순환 기능이다. 또한 신명神明을 주관하는데, 이는 모든 생명 활동과 정신작용을 주재하는 것이다. 심은 혀를 통해 외부와 교류하고, 그 상태는 얼굴에 나타나고, 그 액체는 땀이다. 심의 짝인 양의 장부는 소장이다. 소장은 소화하고 영양을 흡수한다.

토와 같은 속성의 장부는 비脾다. 이 비는 운화運化를 주관하는데, 이는 위장 소장 대장 등에서의 소화 흡수 작용을 총괄하고, 수곡의 정기精氣를 폐로 보내어 전신으로 퍼트리는 기능이다. 또한 비는 혈액이 혈맥 속을 정상적으로 운행하도록 통제하는 기능이 있다. 또한 비는 기육肌肉과 사지四肢를 주관하는데, 이는 살의 충실 여부와 팔다리의 활동을 관장하는 것이다. 비는 입을 통해 외부와 교류하고, 그 상태는 입술에 나타나고, 그 액체는 군침涎이다. 비의 짝인 양의 장부는 위胃다. 위는 음식물을 받아들이고 소화시킨다.

금과 같은 속성의 음의 장부는 폐肺다. 이 폐는 기氣를 주관하는데, 이는 호흡을 통해 탁기를 배출하고 청기淸氣를 받아들이고, 전신을 순환하는 기의 운행을 조절하는 기능이다. 또한 폐는 선발宣發과 숙강肅降 기능을 주관하는데, 이는 체내의 탁기를 피부로 발산하고, 청기를 신장으로 내려 보내서 진기를 생성하게 한다. 또한 선발과 숙강 기능은 땀과 소변을 통해서 체내의 수액을 조절힌다. 폐는 피부를 자양하고, 코를 통해 외부와 교류하고, 그 상태는 털에 나타나고, 그 액체는 콧물이다. 폐의 짝인 양의 장부는 대장이다. 대장은 수분을 흡수하고 대변을 배출한다.

수와 같은 속성의 음의 장부는 신腎이다. 신장은 정精을 저장하고 생장발육과 생식生殖을 주관한다. 정은 생명의 정수精髓로 부모로부터 받은 선천의 정과 호흡과 음식으로 섭취한 후천의 정이 있다. 신장에 간직된 이 정에 의해서 생명이 탄생하고 성장하고 그리고 후손을 낳을 수 있는 생식능력이 생긴다. 신장은 수액을 주관한다. 비장이나 폐도 수분 조절을 하나 전신의 수분의 평형은 신장이 근원이다. 또한 신장은 폐의 청기와 수곡의 정기를 받아들여 진기를 생성하고, 뼈와 뇌수를 생성한다. 신장의 기능은 비뇨생식기와 항문에 영향을 주고, 귀를 통해 외부와 교류하고, 그 상태는 머리카락에 나타나고, 그 액체는 타액(唾液: 침)이다. 신장의 짝인 양의 장부는 방광이다. 이 방광은 소변을 모았다가 배설한다.

음양과 오행으로 구성된 인체의 장부도 음양의 상호 의존·소장·전화의 관계가 있으며, 오행의 상생상극의 관계를 갖는다. 이러한 오행의 이론이 의학이나 양생의 원리가 되는 까닭은 자연계는 물론이고 인체의 모든 기관이나 기능이 오행에 속하지 않는 것이 없기 때문이다. 목木을 예를 들면 이렇다. 도표에서 보이는 것처럼, 목은 인체에 간에 해당된다. 간은 봄에 항진되고, 상승하는 성향의 기이고, 바람을 싫어하고, 눈과 근육의 기능을 담당하고, 화를 내거나 신맛의 음식을 먹으면 기능이 항진되고, 많이 걸으면 기능이 억제된다. 또한 상생관계에 의해 목생화하여 간이 건강하면 피를 잘 저장하여 심장을 돕는다. 반면에 지나치게 항진되면 목극토하는 상극관계에 의해 소화 흡수를 담당하는 비 기능을 억제한다. 이상과 같은 음양오행과 심신의 관계를 도표로 보면 다음과 같다.

【자연계와 인체의 음양】

양	위	하늘	태양	불	뜨거움	가벼움	밝음	상승	봄 여름	아침 낮
음	아래	땅	달	물	차가움	무거움	어둠	하강	가을 겨울	저녁 밤

양	정신	상체	겉	머리	뼈	좌측	부腑	기氣	동動	강성	온열	건조	항진	급성
음	육체	하체	속	배	살	우측	장臟	혈血	정靜	쇠약	한랭	습윤	감퇴	만성

【자연계와 인체의 오행】

오행		목木	화火	토土	금金	수水
자연계	오계五季	봄(春)	여름(夏)	장마(長夏)	가을(秋)	겨울(冬)
	오화五化	생生	장長	화化	수收	장藏
	오기五氣	풍風	열熱	습濕	조燥	한寒
	오색五色	청青	적赤	황黃	백白	흑黑
	오미五味	신맛(酸)	쓴맛(苦)	단맛(甘)	매운맛(辛)	짠맛(鹹)
	오방五方	동東	남南	중앙中央	서西	북北
	시간時間	평단平旦	일중日中	일서日西	일입日入	야반夜半
	오음五音	각角	치徵	궁宮	상商	우羽
인체	오장五臟	간肝	심心	비脾	폐肺	신腎
	오부五腑	담膽	소장小腸	위胃	대장大腸	방광膀胱
	오규五竅	눈(目, 眼)	혀(舌)	입(口)	코(鼻)	귀(耳)
	오주五主	힘줄(筋)	혈맥血脈	기육肌肉	피모皮毛	골수骨髓
	오지五志	노怒	희喜	사思	우憂,비悲	공恐
	오성五聲	부름(呼)	웃음(笑)	노래(歌)	곡哭	신음(呻)
	오화五華	손발톱(爪甲)	얼굴(面)	입술(脣)	모毛	발髮
	오로五勞	걷기(行)	보기(視)	앉기(坐)	눕기(臥)	서기(立)
	오액五液	눈물(涙)	땀(汗)	군침(涎)	콧물(涕)	침(唾)
	오변五變	악握	우憂	얼(噦)	해咳	율慄
	오향五香	누린내(臊)	탄내(焦)	화한내(香)	비린내(腥)	썩은내(腐)
	오장五藏	혼魂	신神	의意	백魄	지志

6) 생명의 삼 요소

인간을 물질적인 구성요소만 보면 뼈, 살, 혈액 등을 기본으로 하여 오장육부와 감각기관 등으로 구성되어 있다고 할 수 있다. 기능만 보면 정신 작용과 육체 활동을 하는 존재로 파악할 수도 있다. 그러나 기 철학 입장에서 이 모든 구성요소와 작용은 하나의 기일 뿐이다. 이러한 하나의 기를 인간의 생명요소로 분류한 것이 정·기·신이다.

여기서의 정精은 골수처럼 형체를 갖춘 기의 물질적인 생명요소다. 여기서의 기는 인체에 한정된 좁은 의미의 기로써 파동처럼 형체는 미약하나 활동적인 성향이 강한 생명요소다. 신神은 빛처럼 형체는 없으나 마음과 같은 심령적인 생명요소다. 이 셋은 생명의 근본이 되기 때문에, 정·기·신을 삼보三寶라 한다.

이러한 생명관에서 『도덕경』의 '도는 하나를 낳고, 하나는 둘을 낳고, 둘은 셋을 낳고, 셋은 만물을 낳는다道生一 一生二 二生三 三生萬物'를 이렇게 이해한다. 일은 태허太虛의 일기一氣이고, 이는 음양의 이기이고, 삼은 정·기·신으 삼기이고, 만물은 인체의 모든 구성과 작용이라고 한다.

이 중에서 정精은 인체를 구성하고 생명 활동을 하는 기본적인 물질이다. 이것은 크게 두 종류로 구분할 수 있다. 하나는 태어날 때 부모로부터 받은 것으로 선천先天의 정인데 원정元精이라고도 한다. 다른 하나는 태어난 후에 음식과 호흡의 에너지로부터 만들어진 후천의 정이다. 이 둘은 모든 기관과 생리기능의 물질적 기초로서 생명을 유지하고 각 기관을 자양하고 생장과 발육을 촉진하는 물질이다. 이것은 신장이 주관하며 주로 오장에 분포되어 있으나, 정은 뇌수를 생성하기 때문에, 두뇌가 정의 집합지이다.

기氣는 생명 활동을 위한 운동과 변화를 일으키는 파동과 같은 존재이다. 이것도 크게 두 종류로 구분한다. 하나는 부모로부터 받은 선천의 기인데 원기元氣라고도 한다. 다른 하나는 태어난 후에 음식과 호흡의 에너지로부터 만들어진 후천의 기다. 선천의 원기는 후천의 기의 도움으로 종기, 영기, 위기, 진기를 생성한다. 종기宗氣는 호흡을 다스리고 심장의 박동을 조절하여 전신에 기혈을 운행한다. 영기營氣는 비위가 만든 음식의 정미한 기로 혈액을 만들고 전신에 영양을 공급한다. 위기衛氣는 가슴과 배에 퍼져서 내장을 따뜻하게 하고, 피부로 나와 체표를 보호하고 체온을 조절한다.

진기眞氣는 정기正氣라고도 한다. 이것은 하초의 신장 속에 있는 정기精氣와 중초의 비위에 의해 만들어진 곡기穀氣와 상초의 폐로 흡입한 공기空氣가 결합하여 생성된 기다. 인체 내의 모든 기는 모두 이 진기에서 비롯되며, 이 기는 전신으로 운행되어 이르지 않는 곳이 없다. 호흡수련의 원리는 폐의 종기와 더불어 이 진기의 생성과 운행이다.

신神은 안으로 인간의 생명 활동과 의식작용을 조절하고, 외부로는 그것을 표현하는 빛과 같은 존재다. 이것도 크게 두 종류로 구분할 수 있다. 하나는 부모로부터 태아가 형성될 때 받은 선천의 신인데 원신元神이라고도 한다. 다른 하나는 태어난 후에 음식과 호흡의 에너지로부터 유지되는 후천의 신이다. 이 신은 인간의 생명의 주재자라 할 수 있다. 좁은 의미로는 사유작용을 모두 총괄하며 지배한다.

한의학에서 간은 혼魂, 심장은 신神, 비장은 의意, 폐는 백魄, 신장은 지志를 간직하고 있다고 한다. 이 모든 것들은 심장에 있는 신의 주재를 받는다. 그러나 일상적 생명 활동을 위한 신은 심장에 머무는 신이나, 이 신을 주재하고 보다 초월적인 영역을 담당하는 신은 뇌에 있는 원신元神이다.

이러한 정·기·신을 요약하면, 인간 생명의 기원은 정에서 기인하고, 생명의 유지는 기에 의지하고, 생명의 현상은 신에서 표현된다고 할 수 있다. 그래서 이 셋의 발생 순서도 가장 물질적인 정에서 파동적인 기가 생기고, 이 파동적인 기에서 영적인 신이 생긴다고 유추할 수 있다. 그러나 이 세 관계는 반드시 이러한 일방적인 것만은 아니다.

『양성養性』에서는 '정과 기는 서로 보양補養하는 것이다. 기가 모이면 정이 충만하고, 정이 충만하면 기가 왕성하다'라고 한다. 이는 정과 기가 상호전화하는 관계임을 알 수 있다. 『유경』에서는 '신은 정·기에 의해 생기지만, 정·기를 섭식하여 이것을 운용하는 것은 우리 심장 속에 있는 신에 있다'고 한다.

이상과 같이 정·기·신의 관계는 일방적인 생성이나 지배의 관계는 아니다. 이 셋은 분리할 수 없는 하나의 원리로 상호 자생하고 전화하는 관계다. 이것을 현상으로 분류할 때만 정과 기와 신이라 할 수 있다. 그러나 하나의 생명을 총체적으로 볼 때는 분리할 수 없는 것이다. 이것을 기 철학이나 내단 이론에서 기라고 할 뿐이다.

7) 기의 생성과 순환

앞에서 본 바와 같이 정·기·신은 분리할 수 없는 하나의 원리나. 시 철학직 입징으로 보면 기가 모인 생명려이 정이고, 기가 승화되어 영적 작용으로 나타난 것이 신이라 할 수 있다.

이러한 기가 발생하는 근원지는 어디인가. 「난경」에서는 두 신장 사이에서 움직이는 기라고 한다. 생명의 근원이 되는 이 진기眞氣를 생기生氣 또는 정기正氣라고도 한다.

이 기가 발생하는 원리는 폐에서 공기가 나가고 들어오는 작용에 따라서 일어난다. 숨을 마셔서 공기가 폐 안으로 들어올 때, 하복부의 수기水氣는 뒤로 오른다. 반면에 숨을 내쉬어 공기가 밖으로 나갈 때, 상체의 화기火氣는 앞으로 내린다. 이렇게 호흡에 따라 몸안의 음양으로 대표되는 수화水火의 오르내림인 수승화강水昇火降이라는 원리에 의해서 진기가 생성된다. 「기공양생」은 이러한 원리에 따른 것이다.

이렇게 생성된 기가 운행하는 통로가 경락經絡이다. 여기서 경經은 인체를 위아래로 연결된 간선 도로와 같은 맥脈이다. 반면에 낙絡은 경맥에서 갈라져 나와 그물망처럼 전신에 퍼져있는 가느다란 맥이다. 이러한 경락의 기능은 크게 세 가지다. 하나는 인체의 안과 밖 그리고 위와 아래를 연결하여 하나의 통일체적인 작용을 하도록 조정하는 작용을 한다. 다른 하나는 기혈을 운행하여 신체를 자양하는 것이다. 또한 외사外邪의 침입을 막는 위기

衛氣의 작용으로 병사病邪를 방어한다. 「안마양생」과 「쑥뜸양생」은 기를 운행하는 이 경락을 소통시키는 것이다.

이러한 경락은 크게 십이경맥十二經脈과 기경팔맥奇經八脈 두 종류로 분류한다. 십이경맥은 각기 소속된 장기와 직접 연계되어 있으며, 기가 흐르는 방향과 순서와 속도가 일정하다. 오장육부를 포함하여 인체 전체에 두루 운행하여 생명을 유지하는 가장 직접적인 경락이기 때문에 정경正經이라고 한다.

이에 반해 기경팔맥은 십이경맥과는 다르다. 이것은 오장육부와 직접적인 관계가 없으며, 흐르는 방향과 순서와 속도가 일정하지 않다. 그래서 기이하다는 의미의 기경奇經이라 한다. 그러나 이 기경은 십이정경의 작용이 원활하도록 돕고, 통솔한다. 그리고 십이정경의 넘치는 기혈을 저장하거나 부족한 기혈을 보충하는 역할을 한다.

이 중에서 항문에서 아랫입술까지 인체의 앞으로 흐르는 임맥任脈이 있다. 이 임맥은 온 몸의 음경과 연결되어 있으며, 음경의 기혈을 조절한다. 다른 하나는 항문에서 윗입술까지 인체의 뒤로 흐르는 독맥督脈이 있다. 이 독맥은 온 몸의 양경과 연결되어 있으며, 양경의 기혈을 조절한다. 이 임맥과 독맥은 기경팔맥 중에서 음과 양을 대표하는 경맥이다. 호흡수련으로 이 둘을 하나로 이어 기를 돌리는 것이 「기공양생」의 소주천小周天 공법이다.

기경 중에서 가장 큰 것이 충맥衝脈이다. 이것은 세 가닥으로 퍼진다. 한 줄기는 앞쪽에서 신장 경락과 임맥을 만나고 다른 한 줄기는 뒤로 나와 독맥과 만나고 척추 속으로 들어가 뇌로 오른다. 다른 하나는 다리 안쪽을 타고서 엄지발가락에 이른다. 이것은 모든 경락과 연결되어 그것들의 기혈을 조절한다. 「기공양생」
에서 마지막으로 충맥으로 소통시키는 것이 대주천 공법이다.

2. 안마양생

안마按摩는 추나推拿라고도 한다. 침이나 약을 사용하지 않고, 단지 손으로 일정한 부위를 문지르거나, 누르거나, 두드리는 등의 방법으로 질병을 치료하는 것이다. 이러한 치료 방법은 자기생명을 유지하기 위한 본능적인 행위로부터 발전한 것이다. 왜냐하면 기가 흐르는 경맥은 안으로는 오장육부는 물론이고 골수와 연결되어있고, 밖으로는 사지 마디마디는 물론 피부 전체로 퍼져 있기 때문이다. 그래서 외부는 물론 내부의 어떠한 이상 징후가 있으면 겉으로 가렵거나, 아프거나, 당겨지는 등의 느낌이 온다. 이러한 자극을 본능적으로 문지르거나 두드리는 등의 행위가 안마의 시발점이라 할 수 있다. 따라서 안마는 의학의 발달 이전부터 존재했다고 보아야 한다. 물론 기가 흐르는 경맥의 발견과 함께 더욱 발전했다. 전한시대 사마천이 쓴 『사기史記』에는 명의 편작이 안마로 태자가 갑자기 실신한 시궐증尸厥症을 치료했다는 기록이 있다. 이를 보면 안마의 역사는 아주 오래됐음을 알 수 있다.

이러한 안마의 효과에 대해서 「소문」에서는 '잘 놀라는 사람은 경락의 운행이 순조롭지 못하여 마비가 됨으로 안마와 약주로 치료하는 것이 좋다.'고 한다. 또한 '기가 허하면' 또는 '신神이 부족하면' 안마하여 치료하라고도 한다. 『준생팔전』에는 '안마도인법은 혈기를 돌게 하고, 관절을 원활하게 하고, 사기邪氣의 침입을 물리쳐서 나쁜 기가 몸안으로 들어올 수 없게 한다.'고 하였다. 『당전唐典』에서도 '대체로 사람의 관절과 오장육부에 기가 적체되면 담痰이 생기므로, 마땅히 안마하여 안으로 담이 생기지 않게 하고, 밖으로 사기가 침범하지 못하게 해야 한다.'고 하였다. 이처럼 안마는 인체의 안과 밖으로 퍼져있는 경맥을 조절하여 정기正氣를 돌게 하고 사기邪氣를 몰아내는 방법이다.

특히 현대인들처럼 영양은 넘치고 운동은 부족하여 기혈이 잘 돌지 않아서 생기는 많은 질환에는 더욱 좋은 양생법이 될 수 있다. 이러한 점에 대해서는 이천년 전의 「소문」에 다음과 같이 말하고 있다.

> 중앙지역은 기후가 온화하고, 지세가 평평하고, 습해서 천지의 기가 만물을 생성하기에 적합하므로 물질이 풍부하다. 음식물이 풍부하고 생활이 안일하므로 이 지역 사람들은 대개 위궐한열병痿厥寒熱病이 많이 발생한다. 이러한 병은 도인과 안마로 치료하는 것이 좋다.

여기서 중앙지역은 중국의 중앙을 말하나, 현대인의 생활터전이라고 보아도 좋을 것이다. 위궐한열병은 어지러움, 중풍, 고혈압 등과 같은 순환기 장애에 의한 병이다. 이처럼 안마는 운동이 부족한 현대인들에게 매우 적합한 양생법의 하나다. 특히 만성질환자나 노약자에게 효과가 좋다. 더욱이 침이나 뜸처럼 고통이 없고, 경제적 부담이 없고, 위험하거나 부작용이 거의 없고, 타인에게 의지하지 않고, 혼자서 할 수 있다는 장점이 있다.

여기서는 혼자 스스로 할 수 있는 자아안마의 양생법을 소개한다. 안마는 부작용이 거의 없기 때문에 아무 때나 해도 좋다. 그러나 아침에 일어나서 바로 하면 하루를 생동감 있게 보낼 수 있으며, 자기 전에 하면 하루의 피로를 풀고 숙면할 수 있다. 쑥뜸을 뜨기 직전이나 직후에 하는 것도 쑥뜸의 효과를 높일 수 있어서 좋다. 특히 기공수련을 마치고 하는 것은 매우 좋다. 기공수련을 마치고 바로 일상적인 활동을 하거나, 음식을 먹거나, 목욕을 하는 것은 좋지 않다. 그러면 수련의 효과를 잃을 뿐만이 아니라 건강을 해칠 수도 있다. 수련을 마쳤을 때는 손으로 피부를 마찰하는 안마를 하는 것이 좋다. 특히 땀이 났을 경우에는 물이나 수건으로 닦지 말고 손으로 문질러 주어야 한다.

안마하는 장소는 몸의 일부만 안마할 경우에는 어디든 상관이 없다. 그러나 전신 안마를 할 경우에는 옷을 벗고 전신을 노출시켜야 하므로, 홀로 사용하는 방안에서 해야 한다. 안마는 맨살을 직접 손으로 문질러야 효과가 있기 때문이다. 또한 가끔은 전신을 노출시켜서 피부호흡을 해야 건강에 좋기 때문이다. 안마하는 자세는 정좌한 자세에서 시작한다. 안마의 강도는 시원하고 기분이 좋은 정도면 된다. 전신 안마는 하루 2회 정도면 충분하다. 부분적으로 할 경우에는 질병이나 건강 정도를 고려하여 정당히 늘릴 수 있다. 안마의 순서는 반드시 정해진 것은 아니나, 다음과 같은 순서로 하는 것이 무난하다.

1) 고치

【방법】: 입을 가볍게 다물고 윗니와 아랫니를 가볍게 부딪치기를 30여 차례 한다. 침이 나오면 몇 차례 삼킨다.

『안씨가훈』에는 이렇게 적혀있다.

내가 전에 이가 아프고 흔들리고 빠질 것 같았고, 차갑거나 뜨거운 것을 전혀 대지 못할 만큼 고통이 심했다. 그런데 「포박자」의 뇌치법牢齒法을 보니, 이를 튼튼히 하는 방법으로 매일 아침에 일어나서 상하로 이를 삼백 번 정도 소리 나게 부딪치는 것이 좋다고 하였다. 그래서 이와 같이 며칠을 해보았더니 문득 통증이 멎고 치유되었다. 지금도 항상 이 방법을 쓰고 있다.

이빨 부딪치기를 고치叩齒라고 한다. 이 고치는 이빨과 악관절의 골밀도를 높이고, 치근과 잇몸을 튼튼히 하여 이빨 건강에 매우 좋다. 그 뿐만이 아니라 머리를 맑게 하고, 침이 많이 나오게 하는 효과도 있다.

2) 인진

【방법】: 입을 가볍게 다물고 혀로 입안의 상하좌우 안팎을 골고루 문지르기를 30여 차례하고 침을 여러 번 삼킨다.

도교의 대표적인 경전인 『황정경黃庭經』에서는 이렇게 말한다.

입은 옥지이니 태화궁太和宮이라 한다. 영액靈液을 삼키니 재앙이
침범하지 못하며, 몸에는 빛이 나고 난초와 같은 향기가 난다. 모
든 사기邪氣가 제거되고 얼굴은 옥을 다듬은 것처럼 된다. 살펴서
수련하면 광한전廣寒殿에 오를 수 있으며, 밤낮으로 자지 않고 수련
하면 진인眞人이 될 수 있다.

광한전은 신선이 사는 궁전이고, 진인은 신선의 경지에 이른
사람이다. 또 이 경전에는 '옥지에 청수가 가득하면 영근靈根이
견고해져서 나이가 들어도 쇠약해지지 않는다.'고도 하였다. 이
영액靈液 또는 청수淸水라는 입 안의 침은 인간 자신이 만든 불로
불사약이다. 그래서 이에 대한 명칭도 아주 많다. 이 침을 옥액
玉液 옥진玉津 옥장玉漿 옥천玉泉 예천醴泉 현천玄泉 신수神水 혼액魂液
이라고도 하며, 최상의 약인 제호醍醐라고도 한다.

이러한 침을 삼키는 방법을 인진법咽津法이라 하는데, 내단 수
련에서는 옥액환단玉液還丹이라 한다. 여기서의 단丹은 불사약을
말한다. 수은, 유황, 주사 등으로 만드는 불사약이 외단外丹인데,
이것은 인간에게 대단히 해로운 독성의 중금속이다. 인간은 이러
한 외단을 만드는 연금술에는 실패했다. 오직 불사약인 단이 있
다면 기공수련 등에 의한 이러한 침이다. 이것을 내단內丹이라 하
며, 지극한 양생법의 하나로 취급한다. 당송팔대가의 한사람인
소동파는 동생 소철에게 기공氣功 고치叩齒 인진咽津 등의 양생술
을 가르치며, '깊이 잘 간직하여 경망스러운 자들이 엿보아서 지

극한 도가 누설되지 않도록 하라.'고 당부하기도 하였다.

현대 의학에서 밝힌 바에 따르면, 이 침은 눈, 이, 근육 관절 등의 발육을 촉진하고, 정력을 보존하며, 노화를 방지한다. 특히 피부의 위축, 탄력성 감퇴, 노인성 색소침낭, 탈모, 척추의 변형, 근육의 기능 저하, 내장하수 등 소위 늙어서 일어나는 모든 노화는 이 침에서 나오는 호르몬이 방지한다고 한다. 『태식론胎息論』에는 '한漢나라의 괴경蒯京이라는 사람은 120세인데도 기력이 매우 좋았는데, 그 까닭은 매일 아침 침을 삼키고 이를 마주치기를 14번씩 하였기 때문이다.'고 한다.

이상과 같이 침을 삼키는 방법을 중심으로 할 때는 인진법이라 한다. 그러나 단순한 혀의 운동으로 입안에서 상하좌우로 크게 30여 차례 움직이는 방법을 정구淨口라고도 한다. 이는 '혀는 심장의 싹이다' 또는 '심장은 혀로 통해 있다'는 한의학의 이론에 따른 것이다. 즉, 인체의 오관 중에서 혀는 심장으로 통해 있기 때문에, 혀의 운동은 곧바로 심장에 영향을 준다. 심장은 혈액순환을 담당할 뿐만이 아니라, 한 몸의 군주처럼 정신을 주관하는 기관이다. 따라서 이러한 혀의 운동은 심장뿐만이 아니라, 정신 능력을 향상시키는 뛰어난 방법이 된다.

3) 손바닥 안마

【방법】: 손바닥을 마주 대고서 30여 차례 비빈다. 그래도 뜨거워지지 않으면 뜨거워질 때까지 비빈다. 손등이나 손가락까지 문질러주면 더욱 좋다.

손과 발은 인체를 두루 운행하는 12정경이 시작하고 끝나는 곳이며. 음경과 양경이 만나는 곳이다. 더욱이 중요한 혈인 오행 혈五行穴의 대부분이 손과 발에 있다. 따라서 손과 발만 잘 문지르거나 지압하여 기혈이 잘 돈다면, 오장육부는 물론이고 전신의 기혈순환이 원활하게 된다.

더욱이 자아안마는 자신의 몸에 자신의 손으로 자극을 주는 것이기 때문에, 손에 기혈순환이 잘되어야 한다. 더욱이 손바닥은 심포心包와 연결되어있어서 의식에 따라 내 몸에 있는 기가 나오는 곳이다. 그래서 안마는 반드시 따뜻한 손으로 해야 하며, 의식은 손과 안마하는 부위에 집중하여야 한다.

4) 눈 안마

【방법】: 두 손을 비벼서 뜨거워진 손바닥을 눈에 대기를 3차례 한다. 다음은 둘째 셋째 손가락으로 눈 주위를 부드럽게 누르고 문지르기를 20여 차례 하는데, 특히 정명혈을 많이 문지른다.

『제병원후론』에는 '닭이 울 무렵에 두 손을 비벼서 뜨겁게 한 후에 손바닥을 눈에 대기를 세 차례 한다. 이와 같이 하면 좌우 눈에 신광神光이 생겨 눈이 밝아지고 병이 없어진다.'고 한다. 명 나라 주리정周履靖이 편집한 기공서인 『이문광독夷門廣牘』이라는 문헌에는 '아침저녁으로 두 손을 비벼서 뜨겁게 하여 눈을 지지기를 세 번한다.'고 되어 있다. 이처럼 손바닥을 비벼서 뜨겁게 하여 눈에 대면 눈의 건강에 좋아지는 까닭은 손바닥 즉, 장심掌心에서 기가 나오기 때문이다.

눈의 안마는 눈의 상하좌우를 손가락으로 부드럽게 누르고 문지른다. 특히 코 옆 눈물샘 위에 약간 들어간 곳에 있는 정명혈睛明穴을 많이 눌러준다. 이 혈은 '눈동자가 밝다'는 의미의 이름처럼 모든 눈병의 예방과 치료의 명혈이다. 이 혈은 뜸을 뜰 수 없고, 침놓기도 위험한 혈이다. 반면에 손가락으로 알맞게 눌러주면 의외의 좋은 효과를 얻을 수 있다.

눈의 안마는 눈의 건강만 좋아지는 것은 아니다. 눈은 오장 중에서 간으로 연결되어있기 때문에, 간의 활동에도 영향을 주고 전신의 피로 회복에도 도움을 준다. 더욱이 모든 양경락陽經絡이 눈으로 통해 있다. 그 뿐만이 아니라 「영추」에서는 오장육부의 정기精氣가 모두 위로 올라 눈에 모아진다고도 한다. 이는 눈은 전신과 통해있고, 눈의 건강은 전신의 건강과 직결된다는 것이다. 현대의학에서도 인간의 뇌 3분의 1이 시각정보를 처리하는데 사용된다. 그러니 '몸이 천 냥이면 눈이 구백 냥이다.'라는 말은 빈말이 아니다.

5) 코 안마

【방법】: 집게손가락으로 코 옆을 눈 밑에서 윗입술까지 상하로 20여 차례 문지른다. 코밑도 좌우로 20여 차례 문지르는데, 약간 강하게 한다.

코는 오장 중에서 폐로 통해있기 때문에, 폐의 건강 상태는 곧바로 코에 나타난다. 반대로 코의 건강 또한 폐의 건강과 직결된다. 위의 방법대로 코를 안마하면, 비염과 같은 코의 질병은 물론이거니와 감기와 같은 호흡기 질환을 예방할 수 있고, 폐를 건강하게 할 수 있다. 특히 콧방울 옆의 주름진 곳에 있는 영향혈迎香穴은 '냄새를 맞이한다.'라는 의미의 혈인데, 코가 막혀서 냄새를 맡지 못하는 증상 등을 치료하는 명혈이다.

코밑에 도랑처럼 파인 인중혈은 대단히 중요한 혈이다. 항문서부터 입까지 인체의 전면에서 모든 음경의 기혈을 조절하는 경맥을 임맥任脈이라 하고, 항문서부터 머리뒤로 돌아 입까지 후면에서 모든 양경을 조절하는 경맥을 독맥督脈이라 하는데, 이 두 경맥이 만나는 곳이 바로 이곳이다. 또한 천기를 받아들이는 코와 지기를 받아들이는 입 사이에 있는 인간의 중심이 되는 곳이기에 인중人中이라고 한다. 이 혈은 코의 질환은 물론이고, 임맥이 통하는 가슴의 통증 등에도 도움이 된다. 또한 독맥이 통하는 뇌 쪽에서 일어나는 정신 질환에도 효과 있다. 그래서인지 이 혈의 별명이 귀신이 머문다는 의미의 귀궁鬼宮 귀객청鬼客廳 귀시鬼市 등으로도 불린다.

6) 귀 안마

【방법】: 양 손바닥으로 두 귀를 막고 후두골을 둘째손가락을 셋째 손가락에 올려놓고 튕겨서 두드리기를 15차례하고, 두 손바닥으로 귀를 막고 누르다 갑자기 떼기를 15

차례 한다. 둘째손가락을 귓구멍에 넣고 돌리면서 문지르고, 둘째 셋째 손가락에 귀를 끼우고 상하로 문지르기를 30여 차례 한다. 오른손을 머리 뒤로 하여 왼쪽 귀를 당기기를 15차례하고, 반대도 똑같이 한다.

『준생팔전』에는 '양손바닥 중심부로 귓구멍을 막고 손가락으로 뇌후두부를 치면 항상 그 소리가 장성하게 이어져 흩어지지 않는다.'고 한다. 이것이 하늘의 북을 친다는 천고天鼓인데, 그 소리는 머릿속에서 울리는 공명이다. 이것은 귀를 잘 들리게 할 뿐만이 아니라, 뇌를 각성시키는 묘법이다. 『천금익방』에는 '아침 일찍 일어나 양손으로 귀를 문지르고, 머리 위로 두 귀를 잡아당기면 기의 소통이 잘된다. 이렇게 꾸준히 하면 머리가 희지 않고 귀가 잘 들린다.'고 한다. 이렇게 귀를 문지르고 잡아당기는 것을 인이引耳라고 한다.

이상과 같은 천고와 인이는 안마의 대표적인 양생법 중의 하나다. 귀는 오장 중에서 신장으로 통해있기 때문에, 신장의 건강상태는 곧바로 귀에 나타난다. 반대로 귀의 건강 또한 신장의 건강과 직결되어있다. 그래서 이상과 같은 안마는 귀의 건강뿐만이 아니라, 정精을 저장하고 골수를 생산하고 지혜를 낳는 신장의 기능까지도 좋아진다. 신장의 이러한 기능 때문인지, 상서相書에는 귀의 모양을 보고 장수와 지혜 여부를 판단한다. 아마도 석가, 공자, 노자, 장자와 같은 대부분의 성인들의 귀가 어깨까지 늘어져있다는 것도 빈말은 아닌 듯하다.

재미있는 것은 성인聖人의 성자가 귀耳 : 귀 이를 드러내다呈 :

드러낼 정이라는 결합어라는 점이다. 또 노자의 이름이 귀를 의미하는 이耳이고, 이름 대신 불리는 자字는 '귓바퀴가 없다'는 의미의 담聃이라는 점이다. 아마도 많은 성인들은 출생부터 귀가 크기도 했을 것이다. 그러나 귀를 당기는 인이와 같은 안마를 많이 해서 귓바퀴가 없어졌고 귀가 늘어졌을 수도 있다.

더욱이 귀는 신장으로만 통해 있는 것은 아니다. 귀는 눈과 마찬가지로 팔다리로 통하는 모든 양경이 통과하는 곳이다. 음경은 물론 양경과 연결되어 있기 때문에, 귀는 오상육부는 물론이고 전신과 연관된 기관이다. 귀에만 침을 놓아 전신의 질병을 치료하는 이침법耳針法의 원리가 이것이다. 눈보다 귀는 침이나 안마로 치료하기에 훨씬 쉽다. 전신 어디에 질병이 있든 귀만이라도 열심히 안마하면 좋은 결과를 얻을 수 있다.

7) 머리와 얼굴 안마

【방법】: 열 손가락으로 머리를 빗듯이 앞에서 뒤로 누르면서 쓸어 넘기고, 옆에서 위로 쓸어 올리기를 20여 차례 한다. 두 손으로 얼굴을 세수하듯이 위에서 아래로 문지르기를 20여 차례 한다.

머리에는 인체에서 가장 소중한 뇌가 있고, 얼굴에는 눈 귀 코 혀 입과 같은 중요한 기관이 있는 곳이다. 인체에 어디하나 소중하지 않은 부분이 없으나, 목 위의 두면 부위는 더욱 소중한 곳이다. 그때문에 많은 중요한 혈들이 모여 있을 뿐만이 아니라,

모든 양경과 대부분의 기경팔맥은 머리와 얼굴에서 시작되고 끝나고 만난다. 손발과 마찬가지로 경맥이 시작되고 끝나는 곳의 혈들이 강하게 작용을 한다.

머리를 빗질하듯이 하는 이 안마도 전신에 영향을 주나, 가까운 머릿속에 바로 영향을 준다. 그래서 두통, 어지러움, 신경쇠약 등과 같은 뇌의 질환에 좋은 효과가 있다. 『진고眞誥』에는 두발을 뇌의 정화精華라고 한다. 따라서 이 머리 빗기는 뇌를 건강하고 정신을 편안하게 한다. 이러한 안마로 머리털이 빠지지 않을까하는 우려도 있다. 그러나 두피의 혈액순환이 좋아져서 머리를 윤기 있게 하고 모근을 강화시키기 때문에, 오히려 탈모 예방에 도움이 된다.

얼굴 문지르는 이 안마도 전신에 영향을 주기도 하나, 보다 직접적으로 얼굴에 있는 눈, 귀, 코, 혀, 입에 영향을 주고 얼굴의 혈색을 좋게 한다. 『태소경太素經』에는 '손은 항상 얼굴에 두어 자주 문지르는 것이 좋다. 얼굴은 오장의 꽃이므로 자주 문질러서 꽃을 피워야 한다.'고 하였다.

8) 목과 어깨 안마

【방법】; 양손의 엄지손가락으로 머리뼈 아래를 귀 밑에서부터
머리 뒤까지 눌러주고, 좌우 손바닥을 교대로 목을 세
수하듯이 20여 차례 문지른다. 다음은 오른손 주먹을
가볍게 쥐고 왼쪽 어깨에서 목 쪽으로 약간 튀어나온
부분에 있는 견정혈肩井穴을 20여 차례 두드리고, 손바닥
으로 왼쪽 어깨서부터 팔 등까지 쓸어내리듯이 10여 차

례 문지른다. 반대 팔도 동일하게 한다.

목은 머리와 몸통을 연결하는 뼈, 식도, 기관지, 혈관, 신경, 경맥이 지나는 중요한 통로다. 목뒤의 안마는 목 디스크와 같은 질환, 목 앞의 안마는 기관지나 편도선 갑상선 질환을 예방하고 치료한다. 특히 뒷머리뼈 밑에 약간 들어간 곳의 안마는 중풍이나 정신질환과 같은 각종 뇌의 질환을 물론이고 눈 귀 코 등의 감각기관에도 효과가 있다.

인체의 모든 혈이 안마로 효과를 보는 것은 아니다. 어느 혈은 침 어느 혈은 뜸의 효과가 좋을 수 있다. 인체의 많은 혈 중에서 안마 특히 두드려서 좋은 효과를 거둘 수 있는 혈이 담경膽經에 있는 견정혈肩井穴이다. 이 혈은 침이나 뜸으로 반신불수 등을 치료하는 명혈이다.

대부분의 정신적인 피로나 긴장 그리고 육체의 피로는 이 견정혈인 어깨에 뭉친다. 그래서 이곳을 두드리면 전신의 피로와 긴장이 풀어지고, 마음이 편안해지는 뛰어난 효과가 있다. 노인들이 어린 손자에게조차 어깨를 두드리라는 것은 이때문이다. 심신이 피로할 때 한 곳을 선택하라면 이 견정혈을 두드리는 것이다.

9) 가슴 안마

【방법】: 두 손을 교대로 가슴 가운데서부터 아랫배까지 쓸어내리기를 30여 차례 한다.

몸통에는 많은 기관이 있고 많은 경혈들이 있다. 이 많은 경혈들을 찾아서 모두 안마하기는 쉬운 일도 아니며, 그 노력만큼 효과를 거둘 수도 없다. 그러나 항문서부터 입까지 인체의 전면에서 모든 음경의 기혈을 조절하는 경맥인 임맥을 쓸어내리는 안마는 꼭 필요하다. 기경팔맥인 임맥은 그 흐름이 일정하지 않아서 위로 살수도 있고 아래로 갈 수도 있는데, 반드시 위에서 아래로 흐르게 하여 기의 역상逆上을 방지해야 한다. 그래서 가슴을 쓸어내리기는 반드시 위에서 아래로 해야 한다.

이 임맥 중에서도 모든 기의 흐름을 관장하는 기회혈氣會穴이고, 정신을 관장하는 심포心包의 기가 모여있는 모혈募血인 전중膻中을 위에서 아래로 강하게 문질러 주어야 한다. 전중혈은 육체적으로든 정신적으로든 답답할 때 본능적으로 가슴을 두드리거나 쓸어내리는 부위다. 정확하게는 두 젖꼭지를 연결한 중간인데, 안마로 좋은 효과를 거둘 수 있는 혈이다. 이 혈은 심장과 폐의 질환에도 좋으나, 기의 흐름이 잘못되어 일어나는 심신의 질환에 효과가 있다.

10) 배 안마

【방법】 : 두 손을 포개어 배꼽을 중심으로 하여 시계 방향으로 30여 차례 문지르고, 하복부를 좌우로 30여 차례 문지른다.

배에는 심장과 폐를 제외한 오장육부가 다 모인 곳이다. 또한 이것들과 연계된 혈들이 퍼져 있는 곳이기 때문에, 배를 문질러서 오장육부의 건강을 도모할 수도 있다. 다른 혈들과는 달리 배의 혈들은 피부만 자극하기 보다는 약간 눌러주면 효과가 더 좋다. 그러면 장의 운동을 실제적으로 도울 수 있기 때문에 소화·흡수·배설 등에 좋은 효과를 거둘 수 있다.

하복부를 문지를 때는 약간 빠르게 하여 뜨겁게 하는 것이 좋다. 하복부는 육체적 생명의 근원인 정精이 저장되는 곳인데, 이 하단전이 뜨거워지면 바로 심신이 안정된다. 그래서 이곳이 뜨거워지면 아랫배에서 발생하는 모든 비뇨생식기 질환은 물론이고, 머리에서 발생하는 신경쇠약과 같은 정신질환까지도 효과가 있다.

11) 허리 안마

【방법】: 두 손끝으로 척추 옆을 아래위로 손이 닿는 곳까지 30여
차례 문지르고, 엉덩이와 꼬리뼈를 30여 차례 문지른다.

혈穴 중에서 오장육부의 기가 가슴이나 배에 모여 있는 혈을 모혈募穴이라 하고, 등허리 척추 옆 1.5촌되는 방광경에 모여 있는 혈을 유혈兪穴이라 한다. 이 중 유혈은 척추 옆으로 지나기 때문에, 안마하기도 쉽고 효과도 뛰어나다. 단지 자아안마를 할 경우에는 흉추 9번 정도까지만 손이 닿기 때문에, 안타깝게도 등에 있는 모든 유혈을 안마할 수 없다.

그러나 자신의 손이 닿는 곳까지라도 간, 담, 비, 위, 삼초, 신장, 대장, 소장, 방광의 유혈들을 안마할 수 있다. 특히 배꼽 뒤

에 해당하는 제2 요추 옆에 있는 신유腎兪 주위를 뜨겁게 안마하면 신장질환과 요통에 효과가 좋다. 아래로 엉덩이와 꼬리뼈까지의 안마는 남녀의 비뇨생식기 건강에 효과가 있다.

12) 사타구니 안마

【방법】: 앉거나 다리를 벌리고 서서 회음혈에서 하복부까지 사타구니를 30여 차례 문지른다. 남자는 한 손으로 고환을 쥐고 반대 손으로 문지른다. 좌우를 똑같이 한다.

성기는 소변을 배출하고 호르몬을 만들고 부부관계를 하여 자식을 낳는 중요한 기관이다. 그럼에도 이 기관은 말하기도 곤란할 뿐만이 아니라, 어떻게 건강을 유지해야 하는가도 잘 알려지지 않았다. 더욱이 성기는 인체 중에서 가장 많이 밀폐되어 있어서 기혈순환이 잘 안 된다. 특히 남자의 경우에는 이곳이 뜨겁거나 습해서는 건강에 매우 안 좋다.

항문과 성기 사이에 있는 회음혈會陰穴은 모든 음경이 모였다는 의미를 갖는다. 여기서부터 사타구니를 지나 아랫배까지 이르는 혈들은 방광염, 생리불순, 발기불능, 전립선염 등의 남녀의 비뇨생식기질환을 치료하는 요혈들이 있다. 더욱이 이 혈들은 손쉽게 문지르는 이 안마에 의해서 뛰어난 효과를 볼 수 있다.

13) 무릎 안마

【방법】 : 앉아서 두 손으로 왼쪽 무릎을 감싸듯이 해서 상하로 문지르기를 30여 차례 하고, 두 손으로 넓적다리부터 발목까지 쓸어내리기를 10여 차례 한다. 반대 무릎도 똑같이 한다.

무릎 주위에는 하합혈이 모여 있다. 하합혈下合穴이란 오장육부 중에 육부의 기가 모두 아래에 모였다는 의미다. 육부는 곧바로 오장과 연결되어 있기 때문에, 무릎 주위는 오장육부와 연결되어 있다고 보아야 한다. 대부분의 노화는 무릎부터 오는데, 이는 단순히 무릎의 관절만의 문제가 아니라 반드시 오장육부와 관계가 있다. 따라서 무릎 주위를 잘 안마하는 것은 무릎만이 아니라 전신의 건강을 좋게 할 수 있다. 단 무릎 주위의 혈들에 대한 안마는 하기가 불편하다. 전체적으로 문질러서 뜨겁게 하는 것이 중요하다.

14) 발바닥 안마

【방법】 : 왼발바닥 전체를 문지르고 발가락을 주무른 다음, 용천혈을 엄지손가락으로 30여 차례 누른다. 오른쪽 발도 똑같이 한다.

앞의 손바닥 비비기에서 말한 바처럼 손과 발은 인체를 두루 운행하는 12정경이 시작하고 끝나는 곳이며. 음경과 양경이 만나는 곳이다. 더욱이 중요한 혈인 오행혈의 대부분이 손과 발에 있다. 따라서 손과 발만 잘 문지르거나 지압하여 기혈이 잘 돈다면, 오장육부는 물론이고 전신의 기혈순환이 원활하게 된다.

손바닥은 기가 나오는 곳이라고 하였는데, 반대로 기가 들어오는 곳이 발바닥에 있는 용천이다. 용천湧泉은 기가 샘솟듯이 솟아오른다는 의미인데 특히 지기地氣를 받아들인다는 의미가 있다. 그래서 이 혈을 지충地衝 지충地沖 지위地衛 지부地府라는 별명을 갖기도 한다. 용천혈은 다섯 발가락을 구부리면 제일 깊이 들어가는 곳이다. 발가락을 제외한 발바닥에서 발가락 쪽에서 3분지 1 되는 지점이다.

이 혈은 다른 혈에 비해 조금 강하게 자극을 주어야 한다. 손가락의 힘만으로 부족할 경우에는 연필 굵기의 끝이 둥근 나무로 눌러도 된다. 이 혈을 자극하면 바로 뇌까지 영향을 주어 혼미하거나 어지러움 등이 사라지고, 전신에 피로가 풀리면서 생기가 돈다. 신장이 약해서 생기는 당뇨, 머리에 열이 나서 생기는 두통, 기력이 소진된 노약자 등에 효과가 좋다.

3. 쑥뜸양생

서양의학과 달리 한의학의 훌륭한 치료 방법 중의 하나가 침구鍼灸 치료다. 즉, 침을 놓거나 뜸을 떠서 치료하는 방법이다. 전통적으로 침 치료는 질병의 초기에 주로 이용한다. 반면에 뜸 치료는 오래된 질병이나 체질적인 질병에 많이 이용한다. 또한 질병의 예방이나 건강 장수를 목적으로 하는 이른바 양생에는 침보다는 뜸을 이용한다.

『의학입문』에는 '모든 병은 쑥뜸으로 징계懲戒한다.'고 한다. 이처럼 뜸은 질병의 치료에 많이 이용하였다. 그뿐만이 아니라 예방과 양생의 방법으로도 많이 이용하였다. 『의심방』에는 뜸으로 곽란霍亂을 예방하여 '평생 죽음에 대한 근심을 없앴다.'라는 기록이 있다. 당나라 때의 손사막은 『천금요방』에서 '건강하다고 장담하지 말고, 위급할 때를 생각하여 질병을 예방해야 한다.'고 하면서, 뜸으로 질병을 예방할 것을 강조하였다. 송대의 유명한 의사이며 뜸의 대가였던 두재竇材가 지은 『편작심서扁鵲心書』에는 '생명을 보존하는 방법으로는 뜸이 첫째고, 단약丹藥이 둘째고, 부자附子가 셋째다.'라고 하였다. 그러면서 병이 없을 때라도 항상 뜸뜨면, '비록 장생長生을 얻지 못해도 백여 년을 보장할 수 있다.'고 하였다. 이처럼 뜸은 질병 치료에도 대단히 효과가 있으나, 당대 이후에는 질병 예방, 체력 증강, 노화 방지, 연명 장수와 같은 양생에도 많이 이용되었다.

1) 뜸뜨는 방법

뜸의 재료는 흔히 볼 수 있는 국화과에 속하는 쑥이다. 뜸쑥은 일반 약재상 등에서 쉽게 구입할 수도 있으나, 양생을 위한 것이라면 자신이 만든 것을 사용하는 것도 좋은 방법이다.

만드는 방법은 쑥을 육칠월 경에 베어서 그늘에서 3~4일간 말린다. 그 다음 잎만 모아서 건조기에 말리거나, 습기가 없는 가을까지 바짝 말린다. 이것을 절구에 빻거나 맷돌에 간다. 그러면 쑥의 미세한 섬유질과 엽록소 등의 가루가 분리된다. 이것을 바람과 체 등을 이용하여 담황색의 섬유질만을 모은다. 이것이 뜸쑥이다.

뜸뜨는 방법은 살에 직접 뜸쑥을 태우는 직접구 방식과 간접적으로 열을 전달하는 간접구 방식이 있다. 직접구 방식은 뜸쑥을 혈 위에 올려놓고 불을 붙여서 그것이 다 탈 때까지 그대로 두는 방식이다. 효과는 매우 뛰어나고, 효과 또한 오래 지속되는 장점이 있다. 그러나 뜨거운 고통을 참아야 하고, 피부에 화상을 입히고, 흉터를 남기는 단점이 있다. 특히 상처가 아물지 않는 심한 당뇨병이 있거나, 항암치료를 받아서 저항력이 전혀 없는 사람 등은 직접구 방식을 삼가야 한다.

그런데 직접구라도 세 장이 넘으면 뜨거운 고통보다는 시원한 느낌을 받는 경우도 많다. 또한 뜸의 화상으로 생긴 화농化膿은 치료가 잘되고 있는 현상이기 때문에, 일부러 구창灸瘡 즉, 화농을 유발하기도 한다. 뜸에 의한 흉터는 다른 화상과는 달리 상처 부위가 튀어나오지 않고, 시간이 지나면 거의 표시가 나지 않는다. 그러나 직접구의 방식은 가급적 전문가와 상담하는 것이 좋다.

간접구 방식은 혈 위에 다른 물건을 놓고서 뜸쑥으로 온열 자극을 주는 방식이다. 직접구보다는 효과는 떨어지나, 화상이나 뜨거운 고통은 없다. 뜸을 두려워하는 사람이나 흉터가 남아서 보기 흉한 부분 또는 아주 허약한 사람 등이 이용한다. 혈 위에 올려놓는 깃은 마늘과 생상을 가장 많이 이용한다. 이것을 0.5cm 정도의 두께로 썰어서 혈 위에 올려놓고 뜨거움을 느낄 때까지 뜸을 뜬다. 그밖에 소금, 황토, 된장 또는 부자 등의 약을 이용하기도 한다. 특히 신궐 즉, 배꼽에 뜸을 뜰 때는 반드시 소금 등을 올려놓고 간접구를 해야 한다.

간접구의 또 다른 방식은 뜸쑥을 혈 가까이 대서 온열 자극을 주는 것이다. 뜸쑥을 1cm 이상의 굵기로 길게 말아서 혈 가까이 대서 따뜻하게 한다. 또 다른 방식은 뜸쑥을 작은 콩만하게 놓고서 그것이 타 들어가 열감을 느낄 때, 핀셋 등으로 집어내거나 두꺼운 종이로 눌러서 끄는 것이다. 최근에는 간접구의 여러 기구가 시중에서 판매되기 때문에, 그것을 이용하는 것도 한 방법이다.

직접구를 하다보면 수포가 생겨서 부풀어 오르기도 한다. 특히 처음 직접구를 할 때 대부분 수포가 생긴다. 이 수포는 소독된 침 등으로 수액을 빼내고 그 위에 뜸을 계속해도 된다. 뜸을 계속하면 수포나 곪는 것이 사라지고 딱지가 생기게 된다. 이때는 약간 크게 뜸을 떠야 시원한 느낌이 들기도 한다. 그 위에 계속 뜨면 뜸에 의한 흉터가 빨리 없어지는 데에도 도움이 된다.

만약 딱지가 떨어지면, 상처가 아물 때까지 기다렸다가 다시 시작한다.

질병에 따라서 뜸자리가 곪고 주위가 붉어지는 경우도 있다. 이 현상은 나쁜 현상이 아니라, 독소가 나오면서 질병이 치료되는 한 현상이다. 전통적인 뜸 치료 방법은 이처럼 직접구를 하여 뜸지리를 곪게 하는 화농구법化膿灸法, 즉, 흉터를 남기는 유흔구법遺痕灸法이다. 이 뜸자리에는 무균성화농이 생기는데, 여기에 고약을 붙여서 독소를 빼내는 치료법을 많이 썼다. 화농이 불안하면 잠시 뜸뜨기를 멈추었다가 다시 반복하면 전보다 훨씬 좋아졌다는 것을 알 수 있을 것이다.

치료가 아니고 양생을 위해서 뜸을 뜰 경우에는 다음과 같이 하는 것이 좋다. 처음부터 뜸봉의 크기를 너무 크게 하지 않는다. 처음에는 쌀알 또는 쌀알의 반만하게 시작하여 점점 크게 하나, 커도 대두 콩보다 크지 않게 한다. 뜸봉을 너무 단단하게 뭉치지 않는다. 뜸봉의 장수를 규정 이상으로 너무 많이 하지 않는다. 처음 뜰 때는 혈 위에 침이나 생강즙을 바르고 그 위에 뜸봉을 올려놓고 뜸을 뜬다. 그 다음부터는 타고난 재를 털어내지 않고 그 위에 올려놓고 뜸을 뜬다.

다음과 같은 환자는 뜸봉을 크게 하거나 뜸을 많이 떠서는 안 된다. 혈압이 매우 높은 환자, 열병을 앓고 있는 환자, 염증이 심한 환자, 각종 피부과 질환, 중병을 앓고 나서 몸이 매우 쇠약한 환자 등이다. 이들은 가급적 다른 방법으로 치료를 하고 나서 뜸으로 양생하는 것이 좋다.

다음과 같은 경우에는 뜸뜨기를 삼가는 것이 좋다. 그 첫째는 지나치게 배가 고플 때와 술이 많이 취했을 때다. 다음은 감정이 지나치게 기쁘거나, 슬프거나, 두렵거나, 노여운 상태에서도 안 좋다. 또한 다음과 같은 특정한 날이나 두드러진 이상기후에도 삼가는 것이 좋다. 『화타침구경』에는 동지, 하지, 설날 전 3일부터 그 다음날까지는 침이나 뜸은 물론이고, 교합을 금기 하였다. 이것을 범하면 목숨을 잃는다고 한다. 많은 의서에는 동지와 하지 전후 그리고 심한 바람, 심한 비, 심한 안개, 심한 추위, 심한 더위 등으로 기후가 몹시 불순할 때는 삼가라고 하였다.

2) 족삼리 뜸법

양생법으로 뜸뜨는 가장 대표적인 곳은 족삼리足三里 혈穴이다. 이 혈은 위경胃經이 모인 합혈合穴이다. 따라서 기본적으로 소화불량과 같은 소화 흡수 기능과 변비와 같은 배설 기능을 강화하고 그에 따른 질병을 치료한다. 그런데 송나라 장고張杲가 편찬한 『의설醫說』에는 '족삼리는 오장육부의 기가 운행되는 수로水路와 같다.'고 한다. 그래서 족삼리에 뜸을 뜨면 기혈이 조화롭게 운행되어 기의 역상逆上, 고혈압, 빈혈, 신경통, 사지권태, 반신불수, 안질 등이 치료된다. 특히 중풍의 예방과 치료에 특효혈로 유명하다.

그러나 족삼리 혈이 유명한 것은 인체에서 최고의 강장구혈强壯灸穴이라는 것이다. 즉, 이 혈에 뜸을 뜨면 무병장수한다는 것이다. 『강간식심신단련법江間式心身鍛鍊法』에서는 '매월 열흘 동안 족삼리에 뜸뜨면 무병장수하여 천수를 누릴 수 있다.'고 한다. 명대의 장경악이 편찬한 침구서 『유경도익類經圖翼』에는 '나이가 서른

이 넘어서 족삼리에 뜸뜨지 않으면 병이 생긴다.'고도 하였다. 당대의 『외태비요外台祕要』에는 '나이가 서른이 넘어서 족삼리에 뜸 뜨지 않으면, 기가 역상하여 눈이 어두워진다.'고 하였다.

족삼리 혈의 취혈은 다리를 직각으로 구부린 상태에서 한다. 뜸도 앉아서 다리를 직각으로 구부린 상태에서 뜨는 것이 좋다.

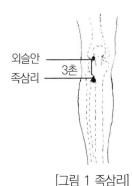

[그림 1 족삼리]

족삼리의 뜸법은 고대부터 직접 살에다 뜸을 뜨는 직접구법이 성행하였다. 순서는 왼쪽 다리부터 시작한다. 방법은 먼저 침 또 는 생강즙 등을 족삼리 혈에 바르고 뜸봉을 그 위에 올려놓고 불을 붙인다. 뜸이 다 타면 재를 털지 말고 그 위에 다시 새 뜸봉을 올려놓고 불을 붙인다. 이렇게 좌우 혈마다 7~15장씩 뜸을 뜬다. 고혈압이나 중풍 등의 질병이 있을 때는 2~3일에 한 번씩 꾸준히 뜸을 뜬다. 병세가 안정되면 봄과 가을에 3일에 한 번 정도씩 뜸을 뜨면 평생 건강하다. 뜸봉에 불을 붙일 때는 향을 이용하는 것이 편하다.

간접구의 방식은 통증이 없고 화상도 입지 않으나, 반드시 꾸준히 반복해야 효과가 있다. 뜸으로 할 때는 작은 콩 정도의 크기로 한다. 불이 타들어가서 뜨거워지면, 얼른 제거하거나 눌러서 끈다. 이렇게 7~15장 반복한다. 뜸쑥 자루는 족삼리혈 가까이 대서 온열 자극이 적당하게 느껴지게 한다. 이렇게 10~15분 정도 온열 자극을 준다.

3) 신궐 뜸법

신궐神闕은 배꼽을 말한다. 인체의 정중앙에 있는 임맥의 요혈이다. 배꼽은 태아 때에 탯줄을 통해서 선천의 원기元氣를 받아들이는 문이며, 출생 후에는 배꼽 뒤에서 후천의 진기眞氣를 생성하고 정기精氣를 간직하는 문과 같은 것이다. 그래서 배꼽은 선천기의 결체結體이고 후천기의 거처居處라 한다.

이 신궐혈은 중초와 하초의 중간에 있으면서 중초의 소화 흡수 기능과 관계된 모든 질병을 치료하고, 하초의 배설 기능과 관계된 모든 질병을 치료한다. 그래서 급만성장염, 소화 불량, 복부 팽만, 복통, 설사, 수종水腫 등의 치료에 뛰어나다. 또한 신이 머무는 집이라는 의미의 신궐이라는 의미와 같이, 선천의 신기를 받아들임은 물론이고 출생 후의 뇌일혈이나 정신 안정에도 뛰어난 효과가 있다.

그러나 신궐 뜸의 뛰어난 점은 무병장수라는 양생의 효과다. 송대 왕집중王執中이 지은 『침구자생경鍼灸資生經』에는 '아무리 늙어도 얼굴이 동자와 같은 것은 매년 쥐똥으로 배꼽에 한 번 뜸을 떴기 때문이다.'라는 일화가 있고, 『침구집성』에는 배꼽에 뜸을 떠서 백세가 넘도록 젊은이와 같은 기력을 유지했다는 기록도 있다. 특히 신궐 뜸은 원기 부족과 비장과 신장의 양허陽虛에 대단히 좋다.

신궐은 이렇게 대단히 중요한 혈이기는 하나, 침을 놓을 수 없는 금침혈禁鍼穴이고 뜸도 직접구는 안 되고 간접구를 해야 한다. 신궐의 뜸법은 머리와 등에 베게 등을 받치고 비스듬히 누운 자세를 취한다. 곱게 간 소금을 배꼽에 채워 넣고 그 위에 큰 콩 크기의 뜸쑥을 올려놓고 불을 붙인다. 따뜻한 열감을 느끼면 뜸 쑥을 들어낸다. 이렇게 5~10장 정도를 한다. 뜸쑥 자루로 할 경우에는 10~15분 정도한다. 질병이 있을 때는 2~3일에 한 번씩 꾸준히 뜸을 뜬다. 병세가 안정되면 봄과 가을에 3일에 한 번 정도씩 뜸을 뜨면 평생 건강하다.

주의할 점은 지나치게 많이 뜨면, 열증이 발생한다. 또한 결코 화상을 입어서 화농이 생기게 해서는 안 된다. 배꼽이 튀어나오거나, 얕은 사람이 있다. 이러한 사람은 소금 등을 충분히 채울 수 없기 때문에, 배꼽 주위를 황토나 된장 등으로 두르고 소금을 채운다. 다른 간접구 방법을 이용해도 좋다.

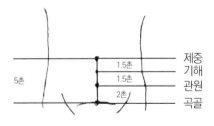

[그림 2 중완 신궐 기해 관원]

4) 기해 뜸법

기해혈氣海穴은 관원과 더불어 단전丹田이라고도 한다. 인체의 전면 정중앙으로 흐르는 임맥에 있는데, 배꼽 아래 1.5촌이다. 기해란 기가 바다처럼 모인다는 의미이다. 이 기해혈은 하초의 소대장질환, 신장방광 및 생식기질환 그리고 신경쇠약과 같은 정신질환에 뛰어난 효과가 있다.

그러나 무엇보다도 이 혈은 폐와 연관해서 신장이 기를 받아들이는 납기納氣의 기능을 근본으로 하는 곳이다. 왕집중王執中은 『침구자생경』에서 '기해는 인간의 원기가 생겨나는 곳이다.'라고 하면서 다음과 같이 말한다.

기해는 원기元氣의 바다이다. 사람은 원기가 근본이다. 원기가 손상되지 않으면 비록 질병이 있어도 살 수 있고, 원기가 손상되면 질병이 없어도 죽는다. 그러므로 이 혈에 자주 뜸을 떠서 원양元陽을 튼튼히 해야 한다. 만약 질병이 생긴 후에 뜸을 뜨면 늦을 수도 있다.

그러면서 그는 '나는 오랫동안 많은 병을 앓아 항상 숨이 차고 고통스러웠다. 그런데 기해에 뜸뜨는 것을 배운 뒤로는 고통이 사라졌다. 그래서 매년 잊지 않고 한 두 차례씩 기해에 뜸을 떴다.'고 술회하였다. 『동인유혈침구도경銅人兪穴鍼灸圖經』에는 '기해는 남자의 기가 생기는 바다다.'라고 하였는데, 이 혈은 특히 중년 이후 남성의 원기를 보補하는 양생의 요혈이다.

기해의 뜸도 신궐처럼 뒤로 기대어 앉아서 뜨는 것이 좋다. 고대에는 기해도 족삼리처럼 직접구법이 성행하였다. 방법은 침이나 생강즙 등을 기해 혈에 바르고 뜸쑥을 쌀 또는 작은 콩만하게 만들어서 올려놓고 불을 붙인다. 뜸이 다 타면 재를 털지 말고 그 위에 다시 새 뜸쑥을 올려놓고 불을 붙인다. 이렇게 5~7장씩 뜸을 뜬다. 질병이 있을 때는 2~3일에 한 번씩 꾸준히 뜸을 뜬다. 병세가 안정되면 봄과 가을에 3일에 한 번 정도씩 뜸을 뜨면 평생 건강하다.

간접구의 방식은 통증이 없고 화상도 입지 않으나, 반드시 꾸준히 반복해야 효과가 있다. 뜸쑥으로 할 때는 작은 콩 정도의 크기로 하며, 불을 붙여서 뜨거워지면 얼른 제거한다. 이렇게 5~7장 반복한다. 또는 뜸쑥 자루로 열을 가할 때는 10~15분 정도 열을 가한다.

5) 관원 뜸법

관원혈關元穴도 기해혈과 더불어 단전이라 한다. 관원은 임맥에 있는 소장경의 모혈募穴로서 배꼽 아래 3촌, 기해 아래 1.5촌에 위치한다. 이 혈은 유정, 유뇨, 양위, 조루, 탈항, 요실금, 적백대하 등의 모든 남녀의 성기능 장애를 치료하는 요혈이다. 또한 중풍탈진中風脫盡이나 절사불생絶嗣不生의 위급한 상황에서도 뜸을 뜨는 유명한 혈이다.

기공氣功 양생에서는 기를 쌓고, 신神을 모으는 곳이다. 관원이라는 의미가 암시하듯이 여기에는 원기가 모여 있는 곳이다. 또한 남자는 정을 저장하고, 여자는 혈을 저장하는 곳[男精藏女血蓄]이라고도 한다. 따라서 여기는 원기와 정혈을 보익할 수 있는 양생의 요혈이다. 허약하고 기력이 없거나 원기가 점차 쇠퇴하는 중년 이후의 양생에는 더없이 좋은 혈이다. 특히 추위를 타고 아랫배가 찬 여성들의 부인과질환에는 대단히 효과가 좋다.

『편작심서』에는 나이가 아흔이 되어도 기운이 넘치고, 피부에 주름살이 없었다는 왕초王超라는 사람의 이야기가 나온다. 그런데 이 사람이 신선에게 배웠다는 것은 해마다 관원에 뜸을 뜨는 것이었다. 이 책에서는 '30세가 되면 3년에 한 번씩 300장씩 뜸뜨고, 50세가 되면 2년에 한 번씩 300장씩 뜸뜨고, 60세가 되면 1년에 한 번씩 300장씩 뜸뜬다. 이렇게 꾸준히 하면 능히 불로장생할 수 있다.'고 하였다. 여기서 300장은 한꺼번에 하는 것이 아니라 하루에 5~10장 한 것을 합한 숫자이다.

『편작심서』에는 '양정陽精이 강하면 천년을 살고 양정이 있으면 반드시 장생한다.'고 하였다. 이 양정을 강화하기 위해서는 반드시 관원에 뜸을 뜨라고 한다. 이렇게 관원의 뜸을 강조한 까닭은 그 자신의 체험 때문이다. 그는 나이 50세에 관원에 500장을 뜸을 뜨니, 신체가 점점 가볍고 식욕이 좋아졌다고 한다. 그리고 63세에 맥에 죽음의 전조인 사맥死脈이 나타났는데, 500장을 뜸뜨니 50일 이후에 사맥이 나타나지 않았다고 술회하였다.

관원 혈도 고대에는 주로 직접구를 사용하는 뜸법이다. 뜸뜨는 방법은 기해 뜸법과 같으나, 5~10장까지 뜰 수 있다.

6) 삼음교와 기타의 양생혈의 뜸법

삼음교三陰交는 안쪽 복사뼈 첨단에서 3촌 위에 있다. 이 혈은 하체로 흐르는 세 개의 음경이 만나는 곳이라서 삼음교라 한다. 세 개의 음경은 간경, 비경, 신경이다. 따라서 삼음교는 이 세 장기가 관여하는 하지신경통과 같은 하체의 질병, 식욕부진과 같은 비위 기능장애, 산통疝痛과 같은 간 기능장애, 당뇨와 같은 신 기능장애의 질환에 효과가 있다.

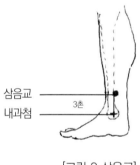

[그림 3 삼음교]

그런데 삼음교 특징은 모든 남녀의 생식기 질환에 효과가 매우 크다. 남성의 유정, 음경통, 고환염, 소변불통, 임질 등은 물론이고, 여성의 월경과다, 자궁출혈, 백대하, 난산, 불임 등에 뛰어난 효과가 있다. 특히 부인과의 모든 질환에는 이 삼음교를 필수요혈로 한다. 그래서 이 혈을 여자삼리女子三里라고도 한다. 이 의미는 족삼리가 양생의 최고혈이라면, 여자에게는 삼음교가 남자의 족삼리만큼이나 중요한 의미를 갖는다는 것이다. 따라서 여성은 갱년기 증후군이 없어질 나이까지 이 혈을 중심혈로 하여 뜸을 뜬다. 뜸뜨는 방법은 족삼리 뜸법과 같으나, 직접구는 5~10장까지 뜰 수 있다.

이 밖에 양생을 위해서 뜸을 뜨면 좋은 혈은 팔의 대장경에 있는 곡지曲池, 배의 임맥에 있는 중완中脘, 등의 독맥에 있는 대추大椎, 등의 방광경에 있는 고황膏肓 등이 양생혈로 알려져 있다. 이러한 혈들은 자신의 질병이나 체질에 따라서 전문가의 조언을 구해서 이용하면 된다. 그러나 특별한 질병이 없고 단순히 양생만을 위한 것이라면 너무 많은 혈에 뜸을 하기보다는 적은 혈을 반복해서 뜨는 것이 효과적이다.

간편하게 뜸을 뜬다면, 남자는 기해와 족삼리만 뜸을 뜬다. 그러나 여성은 폐경 전까지는 관원과 삼음교만 뜸을 떠도 되며, 폐경 후에는 남성처럼 족삼리에 뜸을 뜬다. 최근에는 간접구를 할수 있는 여러 기구가 판매되고 있다. 이것으로 신궐, 기해, 관원을 한꺼번에 간접구를 하는 것도 좋은 방법이다. 그러나 족삼리나 삼음교는 가급적 뜸쑥을 이용하여 직접 자극을 주는 것이 효과가 좋다.

4 기공양생

  기공氣功이란 호흡, 명상, 체조, 안마 등을 수련하는 도인술導引術과 인체의 정기신精氣神을 불사약이라 할 수 있는 금단金丹으로 만든다는 내단술內丹術 등을 이르는 말이다. 이 중에서 호흡수련은 도인술과 내단술을 아우르는 기공의 대표적인 수련법이다.

  인간의 생명을 유지하기 위해서는 다양한 유형의 기가 있는데, 그 중 폐의 호흡에 의한 기를 으뜸가는 기라는 의미에서 종기宗氣라고 한다. 『내경』에서 '모든 기는 폐에 속한다.' 또는 '폐는 기의 근본이다.'라고 하는 것은 이때문이다. 왜냐하면 오장육부의 활동은 호흡작용에 의해서 시작되기 때문이다. 따라서 호흡수련에 의한 양생은 최고의 양생이라 할 수 있다. 『공자가어』에서도 '기를 먹는 사람은 신령스러우면서 장수하고, 곡식을 먹는 사람은 지혜롭기는 하나 단명하다.'라고 하였다. 『양성연명록』에 다음과 같이 말한다.

  좋은 약과 오곡을 먹어 건강하게 삶을 즐기는 자를 중등의 선비라 한다. 질병과 고통에 대해 깊이 사색하여 기氣를 마시고, 정精을 보존하고, 마음을 잘 기르는 자를 상등의 선비라 한다. 상등의 선비는 하늘과 더불어 수명을 누린다.

여기서 기를 마시고 정을 보존하고 마음을 잘 기르는 것이 곧 기공양생이다.

1) 호흡수련의 원리

호흡수련이 최고의 양생법이기는 하나, 이것을 이해하거나 실천하기는 어렵다. 때로는 부작용도 있기 때문에, 간략하게라도 호흡수련의 이학적인 원리를 알아야한다.

앞에서 모든 생명 활동의 시작은 호흡이라고 하였다. 그러나 이 호흡이 바로 생명의 근원이 되는 것은 아니다. 이 폐의 호흡 작용에 의한 외부의 기는 신장으로 모아져서 생명 활동이 일어난다. 그래서 『내경』에서 폐는 호흡을 주관하고[肺主呼吸], 신장은 기를 받아들이는 것을 주관한다[腎主納氣]고 한 것이다. 생명의 근원이 되는 기는 호흡으로 받아들인 기를 신장의 작용에 의해서 생성된다. 이를 『난경難經』에서는 두 신장 사이에서 움직이는 기[腎間動氣]라고 한다. 즉, 두 신장 사이에서 생명의 원동력이 되는 기가 생성된다는 것이다. 이 기를 진기眞氣라고 하며, 생기生氣 또는 정기正氣라고도 한다.

이러한 진기는 호흡에 의해서 상초의 화기火氣와 하초의 수기水氣의 상호작용에 의해서 발생한다. 이 화수火水의 기는 인체를 대표하는 음양의 기이다. 이 중 양인 화기가 앞으로 내려오고, 음인 수기가 뒤로 올라가서 배꼽 뒤 두 신장 사이에서 맞나 진기가 발생한다. 이것이 물은 오르고 불은 내리는 수승화강水升火降이라는 근원적인 생명 활동이다. 이렇게 오르고 내리는 작용을 주관하는 것이 폐의 추동작용推動作用이다.

호흡에 따라 상초의 화기火氣와 하초의 수기水氣의 오르내림을 보면, 숨을 마셔서 공기가 폐 안으로 들어올 때 하초의 수기는 위로 오르고, 숨을 내쉬어 공기가 밖으로 나갈 때 상초의 화기는 내려온다. 즉, 외기가 들어올 때 내부의 수기는 오르고, 외기가 나갈 때 내부의 화기는 내린다. 호흡수련의 초기 단계에서 숨을 마시고 멈추면, 내기는 가슴 쪽에서 멈춘다. 숨을 내쉬고 멈추면, 내기는 아랫배에서 멈춘다. 그러나 수련이 익숙한 단계에 이르면, 호흡에 의한 외기의 출입과는 상관없이 내기가 스스로 오르내림의 작용이 일어난다.

이렇게 발생한 진기는 기의 운행통로인 경맥經脈을 따라 흐르면서 전신을 자양한다. 때로는 기가 부족한 오장육부를 보충하기도 하고, 사기邪氣를 몰아내기도 한다. 그리고 남은 것은 하복부 골반 안의 내생식기에서 회음會陰으로 내려와서 세 가닥으로 나뉘어져 흐른다.

하나는 인체의 앞으로 흐르는 음경맥을 대표하는 임맥任脈이다. 다른 하나는 인체의 뒤로 흐르는 양경맥을 대표하는 독맥督脈이다. 이 둘은 음양으로 분리하기는 하나, 본시 한 덩어리의 진기가 회음에서 분리되어 다시 목과 윗입술에서 만나 하나로 이어져 있다. 그래서 하나의 경맥으로 이해하는 것이 좋다. 호흡수련으로 이 둘을 하나로 이어 기를 돌리는 것이 소주천小周天 공법이다.

회음에서 갈라지는 다른 하나가 있는데, 이것이 충맥衝脈이다. 충맥의 충衝은 통한다는 의미인데, 이것은 음맥의 바다인 임맥과 양맥의 바다인 독맥과 연결되어 있음은 물론이고, 다른 모든 경락과 연결되어 있어서 전신의 기혈을 조절한다. 그래서 충맥을 '십이경맥의 바다'라고 하며, '오장육부의 바다'라고도 한다. 이렇듯이 충맥은 기를 가장 많이 저장하고 있는 중요한 경맥이다. 호흡수련가들은 이 충맥이야말로 궁극적으로 소통시켜야 할 최후의 관문으로 본다. 이것을 대주천大周天 공법이라 한다.

2) 좌법

살아있는 동안은 항상 숨을 쉬기 때문에, 호흡수련은 언제나 어떠한 자세로도 할 수 있다. 손사막이나 일부의 서적에서는 누워서 하라고도 한다. 그러나 앉을 수 없는 노인이나 환자가 아니면 가급적 앉아서 하는 것이 좋다. 앉을 만한 자리가 적당하지 않으면, 의자에 앉거나 서서 또는 산보를 하면서도 할 수도 있다. 그러나 특수한 상황이 아니라면, 정좌를 하고 수련하는 것이 가장 효과적이다. 호흡수련이 아니라도 바르게 앉기만 하여도 좋다. 송대의 유학자인 주자朱子는 반일정좌반일독서半日靜坐半日讀書 하라고 하였다. 이 말은 하루의 절반은 고요히 앉아서 내면을 기르고, 나머지 반은 책을 읽으라는 것이다. 이렇듯이 유학자도 대단히 좋은 수양의 방법으로 바른 정좌를 하였다. 여기서는 호흡수련에 적합한 좌법을 소개한다. 이 세 좌법에서 손 모양과 눈을 코에 집중하는 것은 절대적인 것이 아니기 때문에, 달리 해도 무방하다.

반가부좌

【방법】

1. 오른쪽 다리를 구부리고 그 위에 왼쪽 다리를 구부려 오른쪽 다리 위에 놓는다.

2. 오른 손을 놓고 그 위에 왼손을 포개어 놓고 엄지를 마주 붙인다.

3. 허리를 곧게 펴고, 턱을 당기고, 눈은 코끝을 보고, 혀는 윗 잇몸에 댄다.

이 반가부좌는 가장 쉬운 좌법 중의 하나다. 초보자는 이 좌법으로 호흡수련을 하는 것이 좋다. 음양이론에 따라 여성은 남성과 반대로 오른발과 오른손이 위로 올라가는 좌법을 권고하기도 한다. 그러나 골반이 삐뚤어진 경우에는 남녀를 막론하고 처진 골발 쪽의 다리를 위에 놓는다. 처진 골반을 모를 경우에는 좌우를 해보아서 불편한 좌법을 하면 점차로 골반이 바로 잡힌다.

결가부좌

【방법】

1. 왼쪽 허벅지 위에 오른발을 놓고, 오른쪽 허벅지 위에 왼발을 놓는다.

2. 교차된 발목 위에 오른손을 놓고 그 위에 다시 왼손을 포개 놓고 엄지를 마주 붙인다.

3. 허리를 곧게 펴고, 턱을 당기고, 눈은 코끝을 보고, 혀는 윗 잇몸에 댄다.

불교에서는 연화좌蓮華坐라고도 하는 좌법이다. 어렵기는 하나, 하체를 고정시키고 인체의 주춧돌과 대들보와 같은 골반과 척추를 바로 잡아주는 효과가 있다. 이 결가부좌도 반가부좌처럼 골반의 상태에 따라서 좌우 발을 바꾸어 놓을 수 있다. 골반이 틀어진 경우에는 반드시 한 쪽이 잘 되지 않는다. 골반을 바로 잡는 방법은 좌우를 교대로 해보아서 잘 안 되는 좌법으로 앉는 것이다.

달인좌

【방법】

1. 왼쪽 발뒤꿈치를 회음(성기와 항문 사이)에 대고, 오른쪽 발뒤꿈치가 왼 발뒤꿈치와 일직선이 되게 왼발 위에 놓는다.
2. 두 팔을 펴서 손등을 무릎 위에 놓은 다음 엄지와 인지를 가볍게 붙인다.
3. 허리를 곧게 펴고, 턱을 당기고, 눈은 코끝을 보고, 혀는 목구멍 깊숙이 밀어 넣는다.

발뒤꿈치로 회음혈을 누르기 때문에, 하초의 수기가 잘 오르고, 임·독맥과 충맥이 잘 소통된다. 반가부좌나 결가부좌는 토납과 태식 수련에 적합하다면, 이 좌법은 주천 수련과 명상에 적합한 좌법이다. 특히 정精을 누설하지 않게 하는 효과가 있다. 이 달인좌란 깨달음을 얻은 달인達人이 앉는 법이라는 의미이다. 불교에서는 이 좌법을 해탈좌解脫坐라고도 한다.

주의할 점은 왼발의 발바닥이 오른쪽 다리 밑에 놓이지 않고 종아리와 넓적다리 사이에 놓이게 한다. 항상 발뒤꿈치와 복숭아뼈가 일치하도록 한다. 오른발이 왼쪽 넓적다리 위에 놓여서 오른 다리를 위에 놓은 반가부좌처럼 되어서는 안 된다.

3) 토납

호흡수련법은 여러 가지가 있으나, 대표적인 것은 토납과 태식과 주천이다. 이 중에서 토납은 전설적인 신선인 왕교王喬와 적송자赤松子가 수행하였다는 호흡법이다. 『회남자』에는 '왕교와 적송자는 길게 내쉬고 마셔서[吹嘔呼吸] 묵은 것을 내보내고 새로운 것을 받아들인다[吐故納新]'고 하였다.

토납吐納은 문헌으로 나타난 최초의 호흡수련법이다. 토납이란 묵은 것을 내보내고 새로운 것을 받아들인다는 의미의 토고납신법吐故納新法의 줄인 말이다. 산소의 흡입과 이산화탄소의 배출이라는 호흡의 기본원리에 근거를 둔 수련법이다. 원리나 방법은 간단하다. 모든 호흡수련의 기본이 되는 호흡법이다.

【방법】
1. 좌법의 하나로 앉는다.
2. 코를 통하여 숨을 최대한 마신다.
3. 입으로 자연스럽고 길게 내쉰다.

이 호흡법의 방법은 이처럼 어렵지 않다. 가능하면 외부의 새로운 공기를 많이 흡입하고, 내부의 묵은 공기를 많이 내뱉는 방식이다. 인간은 이 원리를 알든 모르든 호흡을 통해서 새로운 공기를 마시고 몸안의 묵은 공기를 내뱉는다. 그러나 일상생활에서의 호흡은 매우 미약하여 폐 용량의 20%인 500㎖ 정도밖에 교환하지 못한다. 그러나 보통 사람이라도 최대한 마시면 안정 상태 보다 3000㎖ 이상 흡입할 수 있으며, 최대한 내쉬면 안정상태 보다 1000㎖ 이상 더 내쉴 수 있다. 이러한 폐의 기능을 고려한다면, 이 호흡법의 중요성을 알 수 있을 것이다.

겉으로 드러나는 이 호흡법의 효과는 많은 산소 흡입과 이산화탄소의 배출이다. 도교적 관점에서 보면 숨을 마시는 것은 우주적 에너지인 천기天氣를 흡입하는 것이며, 숨을 내쉬는 것은 몸안에 있는 낡은 탁기濁氣 또는 해로운 사기邪氣를 내보내는 것이다.

그러나 토납은 자신의 체질에 맞게 해야 한다. 『경악전서』에서는 '양이 약한 사람은 내쉬는 숨을 단련하지 말아야 하고, 음이 약한 사람은 마시는 숨을 단련하지 말아야 한다.'고 한다. 이는 체질에 따라서 마시는 숨에 중점을 두기도 하고 내쉬는 숨에 중점을 두기도 하며, 또한 많이 마시고 적게 내쉬느냐 아니면 적게 마시고 많이 내쉬느냐를 선택해야 한다는 것이다.

이 호흡수련의 초기에는 몸안의 묵은 것을 내보낸다吐故는 심정으로 길게 많이 내쉬는 방법으로 수련한다. 또한 술에 취했거나, 탁한 음식을 먹었거나, 정신적인 스트레스가 있거나, 열이 나는 통증의 질병이 있거나, 더울 때는 내쉬는 것을 중심으로 수련한다. 또한 뚱뚱한 사람이나, 혈압이 높은 사람이나 흥분을 잘하는 사람도 마찬가지이다.

이렇게 내쉬는 숨에 중점을 두어 수련하다 보면, 언젠가는 숨을 내쉬고 싶지 않다거나 또는 많이 마시고 싶다는 생각이 일어난다. 이때에는 새로운 것을 받아들인다[納新]는 심정으로 많이 마시고 적게 내쉬는 방법으로 수련한다. 또한 육체적으로 기운이 없고 피로하거나, 정신적으로 의욕이 없고 우울하거나, 추울 때는 마시는 방법을 중심으로 한다. 또한 마른 사람이나, 혈압이 낮은 사람 그리고 우울증이 있는 사람도 마찬가지이다.

이상과 같은 토납의 호흡수련이 잘되면, 입은 다물고 코로만 숨을 마시고 내쉰다. 그리고 마실 때는 항문서부터 등뒤로 숨을 채워가면서 올라간다고 생각하고, 내쉴 때는 가슴서부터 아랫배로 숨을 내린다고 생각한다.

이 토납법의 수련 초기에는 머리가 아프고, 어지럽고, 정신이 몽롱하고, 덥거나 땀이 나고, 춥거나 소름이 끼치기도 하고, 몸이 저리기도 한다. 그러나 이러한 현상들은 잘 돌지 않던 기혈이 돌면서 일어나는 수련 초기에 나타나는 증상들이기 때문에, 중단하지 말고 계속하는 것이 좋다. 이런 증상은 시간이 지나면 사라지나, 수련을 계속하면 또 다른 현상이 나타난다. 다른 현상이란 아랫배가 뜨거워지거나 움직이고, 어떤 기운이 숨을 따라 몸의 앞뒤로 오르내리고, 팔 다리 또는 몸이 떨리고, 숨을 멈추고 싶어지는 때가 온다. 이때에는 태식이나 주천을 수련하는 것이 좋다.

4) 태식

태식은 800살을 살았다는 전설적인 신선 팽조彭祖가 했던 호흡법이다. 갈홍葛洪의 「신선전」에서 그는 '항상 숨을 멈추고 내면의 호흡하기閉氣內息를 동틀 무렵부터 정오까지 하였다.'라고 한다. 팽조의 호흡수련법은 숨을 마신 상태에서 참는 방법이다. 이것을 폐기閉氣라 한다. 내식內息은 폐기한 상태에서 일어나는 내면의 기의 흐름이다. 이를 후대에는 태식胎息이라고도 한다.

갈홍의 『포박자』는 당시의 모든 양생에 관한 방술을 집대성하였는데, 태식胎息을 매우 중요시하였다. 태식의 구체적인 연습방법을 다음과 같이 제시한다.

처음 호흡법을 배울 때는 코로 숨을 들여 마시고서 참는다. 그리고 마음속으로 120까지 숫자를 세고 나서 입으로 조금씩 내쉰다. 내쉬고 마실 때는 숨이 들어오고 나가는 소리가 자기 귀에 들리지 않게 하며, 항상 많이 마시고 적게 내쉬며, 가는 깃털을 코와 입에 대고 숨을 내쉬어도 그 깃털이 움직이지 않아야 한다. 익숙해지면 마음속으로 헤아리는 숫자를 조금씩 늘린다. 오랫동안 수련하면 그 숫자를 1000까지 셀 수 있다. 1000에 이르면 노인도 하루하루 젊어진다.

이처럼 『포박자』에서의 호흡법은 숨을 마시고 오래 참는 폐기閉氣를 매우 강조한다. 그러면서 그는 바른 태식을 위해서 몇 가지 지켜야 할 규정을 말하고 있다. 그 하나는 태식은 생기生氣 때에 해야 하고 사기死氣 때에 해서는 안 된다고 한다. 생기는 자정부터 정오까지의 12시간을 말한다.

【방법】

1. 좌법의 하나로 앉는다.

2. 숨으로 온몸을 가득히 채우듯이 코로 마시고 멈추고서 참는다.

3. 숨을 참을 때는 항문을 조이고, 혀는 윗잇몸에 붙이고, 턱은 약간 당기고, 의식은 배꼽에 둔다.

4. 숨을 더 이상 참을 수 없을 때까지 참다가 천천히 내쉬고, 가쁜 숨을 몇 차례 몰아쉬다가 다시 숨을 마시고 참는다.

이 방법은 태식의 기초 과정이며, 동시에 진기眞氣를 생성하기 위한 과정이다. 진기가 생성되는 곳은 배꼽 뒤 두 신장 사이의 명문命門이다. 여기에 상초의 화기가 내려오도록 멈춘 상태에서 어깨와 가슴의 긴장을 풀어야 한다. 반면에 하초의 수기가 올라가도록 항문의 괄약근을 조여야 한다. 이러한 방법이 비록 짧은 시간이기는 하나 태아처럼 코로 숨을 쉬지 않고 배속의 내기를 움직이는 태식의 일차 수련단계이다.

그러나 나이나 체력 또는 질병 등에 따라 이것도 잘되지 않는 경우가 많다. 숨을 멈추고서 항문을 조일 수 없으면, 하초의 수기가 오르지 못하는 경우다. 또한 숨을 멈추면 가슴이 답답하거나 얼굴에 열이 오르면, 상초의 화기가 내려가지 않는 경우다. 이런 사람은 무리하지 말고 숨을 조금만 마시고 조금씩 멈추는 연습을 반복한다.

숨을 더 이상 참을 수 없을 때까지 참고 나면, 숨이 몹시 가빠온다. 이때는 자연스럽게 숨을 몇 차례 쉬고서 다시 숨을 크게 마시고 참는다. 이 헐떡이는 숨을 몇 번을 쉬느냐는 크게 중요하지 않다. 초기 단계에서는 20번 이상을 하기도 하나, 익숙해 질수록 그 숫자는 적어진다.

이렇게 하여 진기가 생성되면, 제일 먼저 열감과 함께 땀이 나기 시작한다. 그러면서 호흡은 점점 커지고 깊어지며 자연스럽게 된다. 그러나 질병이 있거나 기혈의 소통이 원활하지 않으면, 통증이나 떨림이 생길 수도 있다.

숨을 최대한 가득히 마시고 참아도 편안하고, 마신 숨이 사라진 듯이 내쉬는 숨이 적어지는 경지가 있다. 이때에는 숨을 마시고 참다가 그 숨을 내쉬지 않고 한 번 더 숨을 마시고 참는다. 그리고 아랫배 단전 쪽으로 기운이 모아지면, 항문을 조이고 배를 당기면서 턱을 당겨서 그 기운을 등뒤로 해서 앞이마 쪽으로 올린다. 그리고 다시 그것을 다시 가슴의 긴장을 풀면서 아랫배로 내린다. 이렇게 될 경우에는 다음의 주천을 수련한다.

5) 주천

앞에서 본 토납과 태식은 이론이 복잡하지 않고 방법도 간단하다. 이 두 방법의 수련만 하여도 좋으나, 이 두 수련을 오래 하다보면 임독맥이나 충맥의 주천이 일어난다. 따라서 체계적인 기공수련을 하려면, 주천의 이론을 알고 실천하는 것이 좋다.

태식과 주천은 기공양생의 핵심이다. 도교수련법을 종합한 『상동심단경결上洞心丹經訣』에서는 태식과 주천에 의한 환정보뇌를 도교수련의 핵심이라고 다음과 같이 말한다.

신선이 되고자 한다면, 마땅히 지극한 요체를 얻어야 한다. 지극한 요체는 보배로운 정을 행기하여 대약을 복용하는 것이다[寶精行氣 服食大藥]. 비록 행기라고는 하나, 행기에는 수십 가지 방법이 있다. 그러나 그 핵심은 정을 돌려 뇌를 보충하는 환정보뇌[還精補腦]다. 비록 기를 먹는다[服氣]라고는 하나, 복기에는 백여 가지 방법이 있다. 그러나 그 핵심은 태식이다.

진기 생성

호흡수련의 일차 목표는 이 진기를 충분히 생성하는 것이다. 진기생성을 위한 호흡법은 다음과 같은 두 가지이다.

【문화】

마음은 자연스럽게 드나드는 호흡에 따라 움직이는 내기[內氣]에 따른다. 숨이 들어올 때는 하복부의 수기[水氣]가 항문에서 등뒤로 올라간다고 상상하고, 숨이 나갈 때는 가슴의 화기[火氣]가 가슴에서 하복부로 내려간다고 상상한다.

【무화】

의도적으로 호흡을 조절한다. 숨을 마실 때는 항문을 가볍게 조이며 하복부의 수기를 허리 뒤를 따라 등뒤로 올리고, 내쉴 때는 긴장을 풀며 가슴의 화기를 가슴에서 하복부로 내린다.

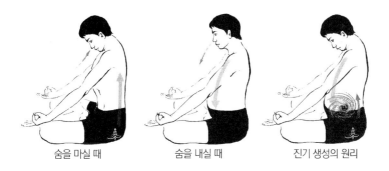

| 숨을 마실 때 | 숨을 내실 때 | 진기 생성의 원리 |

위의 방법이 진기 생성을 위한 호흡법이다. 기는 마음의 영향을 받기 때문에, 마음과 호흡이 하나가 되어 내기의 흐름을 조절해야 한다. 결코 마음만으로 올리고 내리거나, 호흡만 크게 해서는 진기를 충분히 생성할 수 없다.

첫 번째 방법은 아주 자연스러운 호흡을 하면서 편안한 마음으로 내기의 오르내림에 집중하는 것이다. 이렇게 부드럽고 자연스러운 방법을 내단 용어로 문화文火라고 한다. 두 번째 방법은 의도적으로 항문을 조이며 숨을 마시며 내기를 끌어올리고, 내쉬면서 하단전으로 가볍게 밀어내듯 하면서 내기를 끌어내린다. 이렇게 강하고 인위적인 방법을 내단 용어로 무화武火라고 한다.

그러나 실제 수련을 하다 보면, 이렇게 두 방식으로 구분하기는 어렵다. 왜냐하면 처음에 자연스럽고 고요하게 시작하여도 진기가 생성되어 넘치면, 무의식중에 호흡이 크고 거칠게 되기 때문이다. 이러한 방법으로 수련을 하다 보면 진기가 발생한다. 이 진기는 십이정경을 타고 오장육부와 전신으로 퍼져서 각 기관의 활동을 원활하게 한다.

이러한 진기 생성 과정은 백일 정도 걸린다고 하여 백일축기

百日築基라고도 한다. 그러나 백일이라는 기간이 정해진 것은 아니다. 진기 생성이 충분히 되어 다음 단계의 수련으로 넘어가는 시기는 다음과 같은 징후가 있을 때부터다.

진기가 십이정경을 가득 채우고 나면, 이것은 하단전에 모이게 된다. 이때 하단전은 뜨거워지며, 아랫배에 힘이 들어가고 약간 나온 듯하며, 때로는 성욕이 강하게 일어나기도 한다. 이때에는 주천을 수련한다. 진기가 단전에 모인 것을 그대로 두면, 대부분 성 에너지로 전환되는 경우가 많기 때문이다.

소주천

앞의 과정은 진기를 생성하여 십이정경을 통해 전신에 채우는 수련이다. 그 다음 단계가 넘치는 진기를 임독맥으로 돌리는 수련이다. 이러한 수련을 주천周天이라 한다. 주천이란 본래 하늘의 운행 질서를 이르는 중국 고대의 천문학 용어다. 이것을 내단 수련에서 차용한 까닭은 인간을 하나의 소우주로 간주하였기 때문이다. 남종의 대표적인 내단 이론가인 유염兪琰은 『주역참동계발휘周易參同契發揮』에서 이렇게 말한다.

해와 달의 움직임을 본받아 천지와 함께 하는 요체는 임맥任脈과 독맥督脈에 있다. 임독맥은 한 몸에 갖추어진 음양의 바다이고, 오기五氣의 진원眞元이고, 기의 변화가 모인 곳[機會]이다. ……
사람이 이 두 맥을 소통시킬 수 있으면, 백맥百脈이 모두 소통된다. 그러면 자연히 온 몸을 돌아 막히거나 정체되는 질병이 없게 됨으로, 이것이 바로 불로장생의 도다.

임독맥 주천이란 임맥과 독맥을 통하여 땅으로 비유되는 배의 기를 하늘인 머리에 오르게 하고, 하늘로 비유되는 머리의 기를 땅인 배에 이르게 하는 것이다. 반면에 앞에서 설명한 진기 생성은 하늘과 땅 사이에 있는 물과 불로 비유한 수련이다. 즉, 아랫배의 수기가 오르고 가슴의 화기가 내리는 수승화강이다. 따라서 주천은 진기를 운행하는 것이기 때문에, 진기가 충분히 생성된 다음에 수련해야 한다. 주천의 방법도 다음과 같이 두 가지다.

【문화】

자연스럽게 호흡한다. 숨이 들어올 때, 마음은 진기를 따라 항문에서부터 허리→ 등뒤→ 목뒤로 올려 머릿속을 거쳐 앞이마 인당에 멈춘다. 숨이 나갈 때, 긴장을 풀며 마음은 진기를 따라 아랫입술에서부터 목→ 가슴→ 윗배를 거쳐 아랫배 관원에 멈춘다.

【무화】

의도적인 호흡을 한다. 숨을 마시면서 항문을 조이고 턱을 당기며, 마음으로 진기를 항문에서부터 허리→ 등뒤→ 목뒤로 올려 머릿속을 거쳐 앞이마 인당에 이르게 하여 멈춘다. 숨을 내쉬면서 항문과 가슴의 긴장을 풀며, 마음으로 진기를 아랫입술에서부터 목→ 가슴→ 윗배를 거쳐 아랫배 관원에 이르게 하여 멈

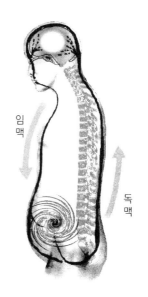

임맥

독맥

춘다. 좀 더 강한 방법으로는 숨을 가득히 마시고 멈춘 상태에서 무화의 방법으로 기를 돌릴 수도 있다.

진기를 생성할 때의 승강운동은 가슴과 배 안에서만 일어나는 반면에, 이 주천의 승강운동은 배에서부터 머리까지 일어난다. 이렇게 몸통을 앞뒤로 돌리는 시간은 한 호흡에 한 번 돌린다. 그러나 처음에는 한 호흡에 한 번 원활히 돌지 않는 경우가 많다. 이때에는 의식을 숨에 따라서 돌리되, 마신 숨의 끝이 이마에 그리고 내쉰 숨의 끝이 하단전에 머무르게 한다.

이러한 방법으로 주천을 하다보면, 몸통 앞뒤로 이어지는 임독맥을 느낄 수 있다. 이때의 반응은 몸통 앞뒤로 이어진 커다란 원형의 띠가 있다는 느낌, 아랫배와 이마에 따뜻한 덩어리가 있다는 느낌, 이 두 덩어리가 서로 팽팽하게 당기는 느낌, 열이나 빛이 나는 덩어리가 임독맥을 타고 도는 느낌 등이다. 이러한 단계는 진기를 임독맥으로 돌리는 수련인 소주천小周天이라 한다. 이 단계가 되면 심신이 편안하고, 대부분의 큰 질병으로부터 벗어날 수 있다.

대주천

이 소주천을 충분히 하고 나면, 충맥衝脈을 제외한 모든 경맥에 진기가 가득 차게 된다. 그러나 충맥만은 그렇게 쉽게 차지 않는다. 십이정경과 오장육부는 이것에 의지하고, 부족한 기를 이것으로부터 보충받기 때문이다. 충맥을 십이경맥의 바다 또는 오장육부의 바다 또는 기혈氣血의 바다라 함은 이때문이다. 이는 아무리 흘러들어도 채워지지 않는 바다와 같기 때문이다. 이 충맥으로의 주천을 대주천이라 하는데, 다음과 같은 두 가지 방법이 있다.

【문화】

1. 달인좌로 앉아서 허리와 머리는 곧게 펴며, 혀를 말아서 목구멍 깊숙이 밀어 넣는다.
2. 기가 하단전에 가득하면, 마음으로 기를 척추 속 충맥을 따라 올려서 앞이마에 이르게 한다. 여기에 이르면 고요히 호흡하며 그곳을 집중한다. 그 다음은 혀로 입안을 문질러 침을 삼키며, 마음으로 가슴과 윗배를 거쳐 하단전으로 내려놓고 그곳을 집중한다.
3. 이러한 과정을 반복하며, 마칠 때는 혀로 입안을 문질러서 침을 삼키고 기를 하단전에 둔다.

【무화】

1. 달인좌로 앉아서 허리와 머리는 곧게 펴며, 혀를 말아서 목구멍 깊숙이 밀어 넣는다.
2. 숨을 가득히 마시고 멈춘 상태에서 기를 하단전에 모으고, 항문과 하복부를 조이고 풀기를 반복하면서 이 기를 척추 속으로 밀어 넣는다. 이 과정을 반복하여 기가 척추 속으로 들어가면, 턱을 당기며 앞이마로 끌어올린다. 앞이마에 머무르면 자연스러운 호흡을 하면서 집중한다. 그 다음은 혀로 입안을 문질러 침을 삼키고, 숨을 길게 내쉬면서 가

습과 윗배를 통해 하단전으로 내려놓고 고요히 집중한다.

3. 이러한 과정을 반복하며, 마칠 때는 혀로 입안을 문질러서 침을 삼키고 기를 하단전에 둔다.

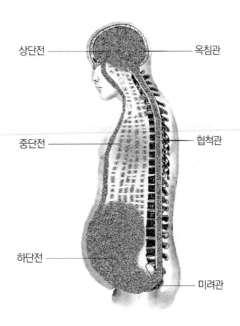

충맥으로 기가 흐를 때의 현상은 매우 다양하다. 대부분 호흡을 멈췄는데도 배가 저절로 움직이거나 끌어당겨지며, 항문이 저절로 조여지거나 전기적인 자극이 있으며, 척추에 열감이나 통증이 있으며, 몸이 앞뒤로 움직이거나 상하로 뛰는 진동을 하며, 척추 속으로 뱀이나 뱀장어와 같은 것이 뛰어오르는 느낌이 있으며, 호흡이 저절로 급격해지거나 멈춰지며, 목이 앞뒤 또는 좌우로 흔들리며, 머릿속으로 강한 전류나 액체 또는 빛이 쏟아져 들어오는 느낌이 있으며, 미간에 눈동자가 모여지거나 빛이 보이며, 향기로운 냄새가 나거나 입안에 침이 가득히 고이며, 종소리

나 피리소리가 들리는 등의 현상이 나타날 수도 있다.

이러한 현상 등이 있으면 충맥으로 기를 돌리는 대주천을 하는 것이 바람직하다. 그렇지 않고 억지로 충맥으로 올리면 기가 역상逆上하는 상기증이라는 부작용을 초래할 수도 있다. 이 증상은 얼굴이 붉어지고, 눈이 충혈되고, 손발이 차가와지고, 머리가 아프고, 초조해지고, 잠이 오지 않고, 호흡이 짧아지고, 소화가 안 되고, 변비가 생기고, 허리가 아픈 등의 현상이 있다. 이러한 상기증은 호흡수련이나 명상수련 중에 일어나는 부작용의 대표적인 것 중의 하나이다.

따라서 충맥의 주천은 진기가 넘쳐서 자연스럽게 충맥으로 들어갈 때 시작하는 것이 바람직하다. 그런데 이때가 되면, 에너지 덩어리는 주체할 수 없을 정도가 되는 것이 일반적인 경향이다. 그래서 충맥의 대주천은 문화의 고요하고 자연스러운 방법으로 시작되지 않는 경우가 많다. 대부분 자신도 모르게 호흡은 거칠게 마시고 내쉬며, 때로는 숨을 멈추고 참으며, 항문을 조이고 배를 끌어당기기도 한다. 이렇게 자발적인 무식 호흡이 일어나면서 기가 항문에서부터 척추를 타고 오른다.

기가 충맥을 통과할 때, 막혀서 잘 오르지 않는 부분은 첫째가 항문과 꼬리뼈 부근이다. 이곳을 미려관尾閭關이라 하는데, 여기서 강한 전기적 반응과 함께 진동이나 통증이 일어난다. 이때에는 숨을 강하게 멈추고 참으면서 항문을 세게 조이는 방법을 반복한다. 이곳을 통과하고 나면, 목과 머리의 연결 부위인 경추 일이번과 뒷머리이다. 이곳을 옥침관玉枕關이라 하는데, 뚫기 어려워 철벽鐵壁이라고도 한다. 여기에서 통증과 함께 머리를 앞뒤로 흔

드는 등의 진동이 일어난다. 이때에는 혀를 더 깊이 밀어 넣으면서 턱을 당겨 가슴에 붙이듯이 한다. 이러한 때의 호흡은 대부분 무의식적인 강한 호흡을 하는 경우가 보통이다. 의도적으로 호흡을 조절할 필요는 없다.

마지막 통과하기 어려운 부분은 머릿속과 앞이마이다. 머리는 임독맥 주천에서 독맥이 통과하는 곳이기도 하나, 충맥이 통과하는 것과는 양상이 판이하게 다르다. 충맥은 독맥과 달리 척추 속을 타고 오르기 때문에, 단순한 전기적 자극만이 아니라 실제적 에너지의 유입을 확인할 수 있다. 그것은 빛이나 액체와 같은 것이 흘러 들어오는 느낌이다. 일반적으로 환정보뇌還精補腦란 이 충맥을 타고 들어오는 이러한 에너지를 이르는 말이다.

여기에 이르면, 약간의 두통과 함께 뜨겁거나 밝은 빛을 경험하기도 한다. 이때에는 호흡을 자연스럽게 하고 편안한 의식으로 미간에 집중한다. 이 상단전은 송과체를 중심으로 한 뇌의 중심이다. 이곳은 인간 생명 에너지의 제이 공장이라 할 수 있다. 제일 공장은 두 신장 사이 명문이다. 명문은 생명에 필요한 진기를 발생하는 곳이다. 이 진기가 머리에 이르면, 두 뇌 사이의 송과체를 중심으로 제이의 에너지를 발생한다. 이 에너지는 모든 기관을 조절하고 조화를 이루게 하는 내분비 즉, 호르몬이다. 이것이 근본적으로 인간의 생명을 조절하는 것으로 본다.

여기에 얼마동안 멈추고 집중하는가는 개인차가 있다. 밝은 빛으로 빛나며 편안하면, 30분 이상도 가능하다. 그러나 두통이 심하거나 불안하면 바로 의식을 뗀다. 여기서 기를 내릴 때는 먼저 혀로 입안을 문질러서 침을 여러 번 삼킨다. 침을 삼킬 때 마치 영약을 삼키듯이 천천히 삼키면서 마음속으로 하단전까지 내린다. 이때의 침은 평소와 달리 그 양이 많고 향기롭다. 이것이 감로甘露, 신수神水, 영액靈液, 금진옥액金津玉液 등으로 불리는 불사약이다. 이것이 분비될 때에 비로소 몸은 재창조된다고 할 수 있다.

대주천에서는 졸거나 무기력한 혼침昏沈의 장애는 없다. 대주천 수련 중에 조는 것은 원기가 부족한 것이다. 이런 사람은 진기생성 과정과 소주천 수련을 충분히 하는 것이 좋다. 대주천에서는 오히려 상기의 장애가 많이 나타난다. 이때는 침을 여러 번 천천히 삼키며 내쉬는 숨을 조금 더 길게 하여 기를 하단전인 관원까지 끌어내려야 한다.

대주천이 완성되면, 몸은 완전한 건강 상태를 회복한다. 질병이나 그 밖의 고통으로부터도 자유로우며, 자신 안에 엄청난 에너지가 쌓여있다는 것을 자각한다. 몸뿐만이 아니라 마음 또한 그러하다. 몸이나 마음이란 본래 하나의 원리 속에 있는 양면성이다. 그래서 호흡이라는 물리적 수련으로도 마음 또한 완전한 본래 상태를 회복하여 모든 번뇌로부터 자유로우며, 높은 차원의 인식능력인 지혜를 얻게 된다.

5. 운기체질 양생

사람은 태어날 때 이미 육체적 심리적으로 어느 정도는 결정된 구조를 갖고 태어난다. 이것이 선천적으로 타고난 심신의 구조인 체질이다. 그래서 모든 사람은 똑같은 생리적 심리적 구조를 갖지 않고, 사람마다 약간씩 다른 외모와 성격을 갖는다. 더욱이 건강 여부를 결정하는 보이지 않는 장기의 상태는 많이 다르다. 그래서 보다 훌륭한 양생을 하려면 자신의 체질을 알아야 하고, 그에 맞는 음식이나 기거 등의 양생을 해야 한다.

이러한 체질에 관해서는 동서양의 많은 의서 등에서 논의되었다. 인도에는 아유르베다에 근거한 체질론[바타, 피타, 카파]이 있고, 중국에는 음양오행에 근거한 음양 체질론[陰人, 陽人]과 오형五形 체질론[木形, 火形, 土形, 金形, 水形]이 있고, 한국에는 주역에 근거한 사상四象 체질론[太陰人, 少陽人, 少陰人, 太陽人] 등이 있다. 그러나 어느 것이든 정확한 것은 없는 듯하다.

그러한 까닭은 첫째는 체질을 판단하는 확실한 근거가 부족하여 판단하는 자에 따라 달라지는 경우가 많다. 둘째는 어릴 때의 체질과 성인이 된 후의 체질이 다른 경우가 많다. 셋째는 판단된 체질과는 반대의 질병이나 체질적 특징이 나타나는 경우가 많다. 넷째는 한 몸에서 왼쪽의 병과 오른쪽의 병이 체질적으로 반대의 특성인 경우도 많다.

대부분의 체질론은 이러한 문제점을 안고 있다. 그러나 『황제내경』에 근간을 두고 발전한 운기체질에 따른 체질론은 이러한 문제점이 없을 뿐더러, 매우 정확하게 들어맞는다. 그 특징을 위의 문제점과 비교하여 보면 이렇다. 첫째는 체질을 생년월일에 따라 판단하기 때문에 관찰자의 주관이 개입될 여지가 없다. 둘째는 선천 체질과 후천 체질로 구분하기 때문에 나이에 따라 다른 체질이 나타남을 알 수 있다. 셋째는 음양에 따른 선천 체질과 후천 체질로 겉으로 드러난 체질과 안에 잠재된 체질을 알 수 있다. 넷째는 선천 체질과 후천 체질로 좌우의 체질이 다르다는 것을 알 수 있다. 이러한 점에서 운기체질론이 지금까지 거론된 많은 체질론 중에 가장 뛰어나다.

1) 운기체질을 결정하는 객운

운기運氣란 오운육기五運六氣의 줄임말이다. 이러한 오운육기는 천지운행의 질서를 살펴서 기후 변화 등을 파악하고, 그것이 인간의 심신에 미치는 영향 등을 연구하는 학문이다. 이 중 오운은 하늘의 기운인 목木, 화火, 토土, 금金, 수水 즉, 하늘의 오행을 말하며, 육기란 땅의 기운인 풍風, 열熱, 화火, 습濕, 조燥, 한寒을 말한다. 이러한 천지의 기운을 인체에 대비하면, 오운은 간, 심, 비, 폐, 신인 오장에 해당되고 육기는 담, 소장, 삼초, 위장, 대장, 방광인 육부에 해당된다.

인체의 정기精氣는 속이 빈 육부가 아닌 속이 가득 찬 오장에 간직되어 있다. 따라서 오장의 정기가 어떠한가가 체질을 결정하는 핵심이 된다. 이러한 점에서 음양오행이라는 철학을 근간으로 하는 한의학의 체질론은 음양과 오행에 근거한 오운 체질론이 가장 합리적이다. 따라서 앞으로 논의되는 체질론은 이러한 오운을 중심으로 한다.

주운

본래 운運이란 '돌다' 또는 '회전하다'는 의미인데, '천체의 운행'과 같은 의미로 사용된 것이다. 그래서 이 오운은 오행五行과 동일하여 상생과 상극을 하면서 변화한다. 이러한 우주의 운행은 한 인간의 의지로 어찌할 수 없는 질서다. 그래서 우리는 '운이 좋다' 또는 '운이 나쁘다'는 말을 한다.

이러한 오운이 매년 변함없이 나타나는 것을 주운主運이라 한다. 즉, 우주의 기운이 매년 변하지 않고 나타나는 기운이 5계절이다. 앞의 「계절양생」에서 설명한 바와 같이, 대한大寒을 기점으로 일년 365일을 5등분하여 약 73일 1시간 12분 정도가 각 운이 지배하는 기간이다. 이 오계절을 다시 보면 다음과 같다.

【주운에 따른 오계절】

1운은 木운으로 1월 20일경부터 시작되고, 계절은 봄이고, 기후는 바람(風)이고, 인체에는 간이다.

2운은 火운으로 4월 2일경부터 시작되고, 계절은 여름이고, 기후는 열熱이고, 인체에는 심장이다.

3운은 土운으로 6월 17일경부터 시작되고, 계절은 늦여름이고, 기후는 습기(濕)이고, 인체에는 비장이다.

4운은 金운으로 8월 30일경부터 시작되고, 계절은 가을이고, 기후는 건조〔燥〕이고, 인체에는 폐다.

5운은 水운으로 11월 11일경부터 시작되고, 계절은 겨울이고, 기후는 추위〔寒〕이고, 인체에는 신장이다.

객운

이처럼 매년의 계절은 목화토금수라는 오행의 상생을 따르기 때문에, 외견상으로는 일정하여 변화가 없는 듯하다. 그러나 우주의 기운은 이렇게 일정하게 변화하는 기운이 있는 반면에, 매년 다른 이상 기운이 잠복되어 있다. 이것을 객운客運이라 한다. 이것은 일정하지 않고 손님처럼 불쑥 왔다가기 때문에 객운이라 한다. 이것은 주운과 달리 매년 다르게 나타나는 이상기후와 같은 특별한 기운이다. 이러한 특별한 기운이 사람이 입태할 때나 출생할 때에 작용하여 한 사람의 체질을 결정한다. 따라서 체질을 판별하기 위해서는 이 객운이 어떻게 오고가는가를 알아야 한다.

이러한 객운도 음양오행이라는 질서에서 벗어나지 않으나, 조금은 복잡한 변화를 하면서 그 기운을 드러낸다. 먼저 오운이 음양으로 분화되어 목은 갑을甲乙이 되고, 화는 병정丙丁이 되고, 토는 무기戊己가 되고, 금은 경신庚辛이 되고, 수는 임계壬癸가 된다. 이것이 갑甲 · 을乙 · 병丙 · 정丁 · 무戊 · 기己 · 경庚 · 신辛 · 임壬 · 계癸라는 10개의 천간天干이고, 10년을 주기로 변화한다. 이것을 음양으로 구분하면 갑병무경임은 양간陽干이고, 을정기신계는 음간陰干이다. 양간은 남성적, 공격적, 감정적, 직선적, 지배적, 적극적인 기운이고, 음간은 여성적, 방어적, 이성적, 곡선적, 복종적, 소극적인 기운이다.

이러한 10개의 음양은 독자적인 작용을 하는 것이 아니라, 남녀가 결혼하듯이 짝을 이룬다. 10개의 천간이 자신과 정반대가 되는 것과 합이 되는 것을 말한다. 즉, 양간은 부인에 해당하는 음간과 짝을 이루는데, 이는 동시에 음간이 남편에 해당하는 양간과 짝을 이루는 것과 같다. 그런데 사람도 결혼을 하면 달라지듯이, 이 10개의 천간도 짝을 이루면 달라진다. 즉, 자기 본래의 오행에서 다른 오행으로 변한다. 예를 들면 양목인 갑甲과 음토인 기己가 합하여 토로 변하는 것과 같은 것이다. 이것을 천간의 부부배합으로 변화된 화기오행化氣五行이라 한다. 즉, 이 화기오행의 변화는 다음과 같다.

【화기오행에 따른 오행의 변화】
甲과 己는 合하여 土로 변한다.
乙과 庚는 合하여 金으로 변한다.
丙과 辛은 合하여 水로 변한다.
丁은 壬은 合하여 木으로 변한다.
戊와 癸는 合하여 火로 변한다.

이처럼 매년 다르게 화기오행으로 운이 변화되기 때문에, 객운의 오운 순서는 매년 다르다. 예를 들면 갑과 기년은 토로 변하여 토가 대운大運이 되어 그 한해의 주인처럼 작용한다. 그래서 갑과 기년은 1운이 목이 아니라, 토를 시작으로 오행의 변화가 시작된다. 즉, 1운은 토이고, 2운은 금이고, 3운은 수이고, 4운은

목이고, 5운은 화다. 다른 해도 이와 같다. 이것을 도표로 보면
다음과 같다.

【화기오행에 따른 오운의 순서】
甲己년 : 土 대운,　1운 土, 2운 金, 3운 水, 4운 木, 5운 火.
乙庚년 : 金 대운,　1운 金, 2운 水, 3운 木, 4운 火, 5운 土.
丙辛년 : 水 대운,　1운 水, 2운 木, 3운 火, 4운 土, 5운 金.
丁壬년 : 木 대운,　1운 木, 2운 火, 3운 土, 4운 金, 5운 水.
戊癸년 : 火 대운,　1운 火, 2운 土, 3운 金, 4운 水, 5운 木.

앞에서 화기오행으로 변화된 오행을 대운大運이라 하였고, 그
것이 한해의 주인처럼 작용한다고 하였다. 그러나 대운을 엄밀히
말하면 그 운이 '크다'라는 의미보다는, 그 운에 의해서 한해의
운이 좌우된다는 의미다. 예를 들면 어느 해가 토대운이라면, 천
지에는 토에 해당하는 습의 작용과 인체에는 토에 해당하는 비
위의 작용에 좌우된다는 의미다. 여기서 좌우되는 기운은 지나치
게 많을 수도 있고, 지나치게 부족할 수도 있다.

이렇게 변화된 오행의 기운이 지나치게 많은 해를 태과년太過年
이라 하고, 지나치게 부족한 해를 불급년不及年이라 한다. 어느 해
가 태과년이고 불급년인가는 알기 쉽다. 그 해가 양간으로 시작
하는 양년이면 태과년이고, 음간으로 시작하는 음년이면 불급년
이다. 비유하자면 양인 남편이 일을 주사하면 지나치게 많고, 음
인 부인이 일을 주사하면 지나치게 부족한 것과 같다.

예를 들면 갑년과 기년은 토가 대운으로 한 해를 좌우하나, 갑

년은 토가 지나치게 많고 강하게 작용하는 태과의 해이고, 기년은 토가 지나치게 부족하고 약하게 작용하는 불급의 해다. 그래서 갑년은 넘치는 토태과로 시작하여 1운은 토태과, 2운은 금태과, 3운은 수태과, 4운은 목태과, 5운은 화태과의 해가 된다. 반면에 기년은 부족한 토불급으로 시작하여 1운은 토불급, 2운은 금불급, 3운은 수불급, 4운은 목불급, 5운은 화불급의 해가 된다. 양년의 태과와 음년의 불급을 도표로 보면 아래와 같다.

【태과년인 양년(甲, 丙, 戊, 庚, 壬)의 오운】

1운(1월 20일) 2운(4월 2일) 3운(6월 17일) 4운(8월 30일) 5운(11월 11일)

	1운	2운	3운	4운	5운
甲년	1운 土	2운 金	3운 水	4운 木	5운 火
庚년	1운 金	2운 水	3운 木	4운 火	5운 土
丙년	1운 水	2운 木	3운 火	4운 土	5운 金
壬년	1운 木	2운 火	3운 土	4운 金	5운 水
戊년	1운 火	2운 土	3운 金	4운 水	5운 木

【불급년인 음년(乙, 丁, 己, 辛, 癸)의 오운】

1운(1월 20일) 2운(4월 2일) 3운(6월 17일) 4운(8월 30일) 5운(11월 11일)

	1운	2운	3운	4운	5운
己년	1운 土	2운 金	3운 水	4운 木	5운 火
乙년	1운 金	2운 水	3운 木	4운 火	5운 土
辛년	1운 水	2운 木	3운 火	4운 土	5운 金
丁년	1운 木	2운 火	3운 土	4운 金	5운 水
癸년	1운 火	2운 土	3운 金	4운 水	5운 木

태과나 불급은 그 기운이 지나치게 많거나 적기 때문에, 자연계는 이상기후가 나타나고 인체는 오장육부의 이상변화가 나타난다. 예를 들면 목운이 태과하면, 자연계는 바람이 많이 불고 봄과 같은 기운이 돌며 만물이 생동하며, 인체는 간 기능이 항진되어 눈병이 나고 근육이 당기고 분노가 쉽게 일어난다고 판단한다. 태과년에는 거기에 해당하는 장臟이 실증實證으로 나타나고, 불급년은 거기에 해당하는 장이 허증虛證으로 나타난다. 실증이든 허증이든 모두가 지나치게 많거나 지나치게 부족하기 때문에 모두가 병이다.

2) 체질 판단법

체질은 어떠한 천지의 기운을 받는가에 의해서 결정된다. 그것도 평범한 기운이 아니라, 매년 특이하게 다르게 나타나는 객운에 의해서 결정된다. 이러한 객운의 기운이 한 생명에 체질적 특성을 불어넣어주는 순간은 두 번이다. 첫 번째는 정자와 난자가 만나서 한 생명으로 창조되는 순간 즉, 입태할 때이고, 두 번째는 그 생명이 이 세상으로 나오는 출생할 때이다.

입태할 때의 체질은 출생할 때보다 먼저 결정된 것이기 때문에, 선천 체질이라 한다. 이 선천 체질은 내면적이라 잘 드러나지 않는 음적인 생명력이다. 주로 우측으로 나타난다. 남자는 태어나서 16세 이전까지와 64세 이후의 노후에 많이 나타나고, 여자는 태어나서 14세 이전까지와 49세 이후의 노후에 많이 나타난다. 이렇게 남녀의 나이가 다른 것은 정자나 난자를 생성하지 않아서 생명력을 방출하지 않는 시기에 이 선천 체질이 나타나는 경우가 많기 때문이다.

출생할 때의 체질은 입태할 때보다 늦게 결정된 것이기 때문에, 후천 체질이라 한다. 이 후천 체질은 외면적이라 잘 드러나는 양적인 생명력이다. 주로 좌측으로 나타난다. 남자는 17세부터 64세까지 많이 나타나고, 여자는 15세부터 48세까지 많이 나타난다. 이렇게 남녀의 나이가 다른 까닭은 정자나 난자를 생성하여 종족을 번식시키고자 하는 시기에 이 후천 체질이 나타나는 경우가 많기 때문이다.

후천 체질 판단법

먼저 후천 체질을 판단해 보자. 후천 체질이란 출생할 때의 운기가 심신에 끼치는 영향에 따라 결정되는 체질을 말한다. 여기서 말하는 운기는 5운을 중심으로 하며, 5운 중에서도 객운을 중심으로 한다. 이 후천 체질을 판단하는 순서는 다음과 같다.

1. 생일을 양력으로 환산한다.
2. 그 해의 천간이 무엇인지를 본다.
3. 생일이 몇 운인지를 본다.
4. 화기오행에 따라 변화된 오행으로 생일의 오운을 결정한다.
5. 결정된 오운을 오장에 배속한다.
6. 그 해가 양년이면 그 장이 실증實證이고, 음년이면 그 장이 허증虛證이다.
7. 생일이 운기의 분기점에 걸릴 경우에는 만세력을 참고해야

정확하다.

예를 들면 음력으로 1950년 5월 10일 태어난 사람의 후천 체
질을 판단해 보면 다음과 같다.

1. 이 음력 생일을 양력으로 환산하면, 1950년 6월 25일이다.
2. 1950년은 庚해다.
3. 6월 25일은 경해 3운이다.
4. 경년은 1운이 금운, 2운이 수운, 3운은 목운이다.
5. 木은 오장의 간이다.
6. 경년은 양년이므로 이 사람은 후천적으로 간실 체질이다.

이번에는 잘못 판단하는 예를 보자. 음력으로 1967년 2월 23
일 태어난 사람의 후천 체질을 판단해 보면 다음과 같다.

1. 이 음력 생일을 양력으로 환산하면, 1967년 4월 2일이다.
2. 1967년은 丁해다.
3. 4월 2일은 정해 2운이다.
4. 정해 1운은 목운, 2운은 화운이다.
5. 화는 오장의 심이다.
6. 정년은 음년이므로 이 사람은 후천적으로 심허 체질이다.

이상과 같은 판단은 외견상 아무 문제가 없는 듯하다. 그러나
만세력을 보면 1967년의 대한은 1월 21일 03시 8분에 들었다.

이 시간부터 73일 1시간 12분을 더하면 4월 4일 4시 20분까지가 丁해의 1운이다. 따라서 위 사람의 후천 체질은 정해 1운으로 간허 체질이다.

이처럼 운기의 분기점인 1운(1. 20일), 2운(4월 2일), 3운(6월 17일), 4운(8월 30), 5운(11월 11일) 가까이에 태어난 사람은 만세력과 태어난 시간까지 참고하여 정확하게 판단해야 한다.

선천 체질 판단법

선천 체질이란 입태할 때의 운기가 심신에 끼치는 영향에 따라 결정되는 체질을 말한다. 여기서 말하는 운기는 오운을 중심으로 하며, 오운 중에서도 역시 객운을 중심으로 한다. 이 선천 체질을 판단하는 순서는 다음과 같다.

1. 생일을 양력으로 환산한다.
2. 생일부터 역산하여 266일 되는 날을 입태일로 본다.
3. 그 해의 천간이 무엇인지를 본다.
4. 입태일이 몇 운인지를 본다.
5. 화기오행에 따라 변화된 오행으로 입태일의 오운을 결정한다.
6. 결정된 오운을 오장에 배속한다.
7. 그 해가 양년이면 그 장이 실증實證이고, 음년이면 그 장이 허증虛證이다.
8. 입태일이 운기의 분기점에 걸릴 경우에는 만세력을 참고하고, 건강상태나 질병 등을 참고해야 정확하다.

앞에서 예를 들었던 사람의 선천 체질을 찾아보면 다음과 같다. 그 사람은 음력으로 1950년 5월 10일 태어난 사람이다.

1. 이 음력 생일을 양력으로 환산하면, 1950년 6월 25일이다.
2. 그 생일로부터 266일 이전은 1949년 10월 2일이다.
3. 1949년은 기년이고, 10월 2일은 4운이다.
4. 기년 4운은 목운이다.
5. 木은 오장의 간이다.
6. 기년은 음년이므로 이 사람은 선천적으로 간허 체질이다.

그러나 선천 체질은 이렇게 간단하지만은 않다. 그 까닭은 임신 기간이 개인마다 차이가 있기 때문이다. 위에서 임신 기간을 266일로 잡은 것은 의학적으로 정자와 난자가 만나서 출생할 때까지의 평균 임신 기간이다. 그러나 특수한 경우에는 한 달 이상의 차이가 나기도 한다. 일부의 문헌에서는 출생일의 간지干支와 합이 되는 날이 입태일이라고 하는데, 이론은 그럴듯하기는 하나 전혀 맞지 않는다. 명리학에서도 입태일과 출생일과 사망일의 간지가 합이나 충이 된다는 이론은 없다. 내 개인적인 경우도 네 자녀 중에 셋의 입태일을 아는데, 모두가 간지의 합과는 전혀 무관하였다.

입태일이 운기의 분기점의 10일 전이나 10일 후일 경우에는 다음과 같은 몇 가지를 참고해서 선천 체질을 판단한다. 먼저 출생할 때 미숙아였는지, 인공분만을 하였는지를 확인하여 선천 체질을 판단한다. 다음은 남자는 16세 이전과 64세 이후, 여자는 14세 이전과 49세 이후의 질병이나 건강 상태가 어떠했는가를 참고해서 선천 체질을 판단한다. 마지막으로는 오른쪽으로 나타나는 체질적인 특성이나 질병 등을 종합해서 선천 체질을 판단한다.

3) 오장의 허실에 따른 체질의 분류

앞에서 본 바처럼, 하늘의 오운인 목木, 화火, 토土, 금金, 수水는 인체에는 오장인 간肝, 심心, 비脾, 폐肺,신腎이고, 오부는 담膽, 소장小腸, 위胃, 대장大腸, 방광膀胱이다. 오장은 음이고 오부는 양이다. 이 오장과 오부의 표리관계는 간과 담, 심과 소장, 비와 위, 폐와 대장, 신과 방광이다.

한 쌍을 이루는 이러한 장과 부는 체질에서는 음양의 소장에 따른다. 즉, 음인 장臟이 실實이면 양인 부腑가 허虛며, 반대로 음인 장이 허면 양인 부가 실이다. 이러한 장부의 허실관계를 보면 다음과 같다.

【장부의 허실관계】
간이 실이면 담이 허며, 담이 실이면 간이 허다.
심이 실이면 소장이 허며, 소장이 실이면 심이 허다.
비가 실이면 위가 허며, 위가 실이면 비가 허다.
폐가 실이면 대장이 허며, 대장이 실이면 폐가 허다.
신이 실이면 방광이 허며, 방광이 실이면 신이 허다.

또한 오장과 오부의 상호관계는 오행의 상생상극相生相剋 관계에 따른다. 즉, 오행의 상생은 목생화, 화생토, 토생금, 금생수 수생목이다. 오행의 상극은 목극토, 토극수, 수극화, 화극금, 금극목이다. 「양생법의 기초 이론」에 설명되어 있다.

이러한 상생상극은 음은 음끼리, 양은 양끼리 작용한다. 그래서 오장인 목(간), 화(심), 토(비), 금(폐), 수(신)끼리만 상호 작용한다. 또한 오부인 목(담), 화(소장), 토(위), 금(대장), 수(방광)도 또한 그러하다. 그런데 체질에서는 오부보다는 오장을 중심으로 하기 때문에, 오장의 상호관계를 중시한다. 물론 오장의 허실에 따라 오부의 허실이 결정되기 때문에, 오장의 허실만 알면 된다.

또한 체질과 질병에서는 상생보다는 상극을 중심으로 판단한다. 예를 들면, 목인 간이 실이면, 목극토하여 토인 비가 허가 된다. 역으로 토인 비가 허면, 목극토가 된 상태인 간이 실한 것으로 판단해야 한다. 따라서 간실 체질이나 비허 체질은 같은 체질로 판단한다.

만약 상생상극을 지나치게 연상하여 체질을 판단해서는 안 된다. 예를 들면 간실은 목생화하여 심실이 되고, 심실은 다시 화생토하여 비실이 된다고 판단하는 것이다. 그러나 간실과 비실은 전혀 다른 반대의 체질이다. 또는 간실은 목극토하여 비허가 되고, 비허는 다시 토극수를 못하여 신실이 된다고 판단하는 것이다. 물론 간실은 그 부모에 해당하는 신실증이 나타날 수도 있다. 그러나 간실의 상생에 의한 심실과 간실의 상극에 의한 신실은 전혀 다른 것이다. 그래서 간실 체질은 간실만을 위주로 판단해야 한다.

허증 체질도 또한 마찬가지이다. 예를 들면 비허는 토생금을 못하여 폐허가 된다고 판단하고, 다시 금생수를 못하여 신허가 된다고 판단하는 것이다. 비허와 신허는 전혀 다른 반대의 체질이다. 또는 비허는 토극수를 못하여 신실이 되고, 신실은 수극화하여 심허가 된다고 판단하는 것이다. 물론 비허는 그 부모에 해당하는 심허증이 나타날 수도 있고, 그 자식에 해당하는 폐허증이 나타날 수도 있다. 그러나 심허와 폐허는 전혀 다른 반대의 체질이기 때문에 동시에 나타날 수가 없다. 따라서 체질은 오직 오운으로 결정된 장이 항진되어 실한 상태인가, 아니면 무엇인가에 억제되어 있어서 허한 상태인가만을 보고 판단한다. 이러한 당면한 오장의 허실관계를 보면 다음과 같다.

【오장의 허실관계】

간목의 실은 비토의 허며, 비토의 허는 간목의 실이다.

심화의 실은 폐금의 허며, 폐금의 허는 심화의 실이다.

비토의 실은 신수의 허며, 신수의 허는 비토의 실이다.

폐금의 실은 간목의 허며, 간목의 허는 폐금의 실이다.

신수의 실은 심화의 허며, 심화의 허는 신수의 실이다.

오부五腑도 같은 원리에 따른다. 목인 담이 실이면, 목극토하여 토인 위가 허가 된다. 역으로 토인 위가 허면, 목극토가 된 상태로 담이 실이다.

이상과 같은 장부의 음양 소장관계와 오장의 오행 상극관계를 종합하면 체질은 5가지로 분류되며, 이것은 다시 선천과 후천 체질로 분류된다.

【5체질 분류】

(1) 간실비허肝實脾虛 체질 : 담허위실

(2) 심실폐허心實肺虛 체질 : 소장허대장실

(3) 비실신허脾實腎虛 체질 : 위허방광실

(4) 폐실간허肺實肝虛 체질 : 대장허담실

(5) 신실심허腎實心虛 체질 : 방광허소장실

앞에서 예를 들었던 음력으로 1950년 5월 10일 생(양력. 1950년 6월 25일)은 후천 체질은 간실비허 체질이고, 선천 체질은 간허 체질 즉, 폐실간허 체질이다. 이처럼 선천과 후천 또는 좌측과 우측의 병은 반대로 나타나는 경우가 많다.

그래서 이 사람은 폐실간허증인 선천 체질은 내면적으로 잘 드러나지 않고, 주로 우측으로 나타나고, 십대 중반 이전과 노후에 많이 나타나는 경우가 많다. 반면에 간실비허증인 후천 체질은 외면적으로 잘 드러나고, 주로 좌측으로 나타나고, 십대 중반서부터 노년기 이전에 많이 나타난다.

따라서 어떠한 질병이 나타났을 경우에는 먼저 그것이 왼쪽으로 나타나는가 아니면 오른쪽으로 나타나는가를 판단한다. 다음은 그 병이 선천 체질의 병인지 후천 체질의 병인가를 판단한다. 마지막으로 나이 등을 종합하여 판단한다.

4) 체질에 따른 질병과 양생법

앞에서 본 바처럼 선천 체질과 후천 체질은 반대 체질로 나타나는 경우가 대부분이다. 어떠한 체질의 질병이 발생하는 가는 대부분 나이와 관계가 많다. 선천 체질의 질병은 청소년기와 노년기에 많이 발생하고, 후천 체질의 질병은 청장년기에 많이 발생한다.

또한 왼쪽으로 나타나는 후천 체질 중에서 간실비허 체질과 심실폐허 체질은 그 증상이 강하게 나타나고, 폐실간허 체질과 신실심허 체질은 약하게 나타난다. 반면에 오른쪽으로 나타나는 선천 체질 중에서 폐실간허 체질과 신실심허 체질은 강하게 나타나고, 간실비허 체질과 심실폐허 체질은 약하게 나타난다.

이러한 까닭은 심장은 왼쪽에 치우쳐 있어서 좌측으로 심실은 항상 강하게 나타나고, 폐는 오른쪽이 3엽이고 왼쪽이 2엽이기 때문에 우측으로 폐실은 항상 강하게 나타난다. 그러나 간은 우측에 있으나 그 작용은 항상 좌측으로 간실이 강하게 나타나고, 신장은 좌우 두 개나 항상 우측으로 강하게 나타난다. 따라서 그 기능은 오행의 방향, 즉, 한의학의 전통에 따른 좌간우폐左肝右肺와 같은 원리로 이해해야 한다.

그러나 질병이 이렇게 나이와 체질과 반드시 일치하지는 않는다. 이러한 까닭은 식생활, 직업, 환경, 생활습관 등에 의해서 다르기 때문이다. 때로는 체질과 다른 질병이 나타나기도 하고, 양쪽 모두에 같은 질병이 나타나기도 한다. 그러나 체질과 상관없는 질병은 대부분 쉽게 치료된다. 반면에 체질적인 질병은 병증이 오래가기 때문에 평생 관리해야 한다.

따라서 체질에 따른 어떠한 질병이 발생했을 경우에는 반드시 체질에 맞춰서 치료한다. 예를 들면 후천 간실비허 체질과 선천 폐실간허 체질인 사람에게 불면증이 발생했다면, 후천 간실에 의한 병이다. 이때에는 좌측에만 간을 사瀉해야 한다. 또한 이 사람에게 시력 감퇴가 발생했다면 선천 간허에 의한 병이다. 따라서 우측의 간만을 보補해야 한다. 이처럼 침이나 뜸으로 치료할 때는 반드시 체질에 따라 좌우를 달리 치료해야 한다.

반면에 약으로 치료할 때는 드러난 병을 먼저 치료해야 하나, 드러나지 않은 반대의 질병에 많은 영향을 주지 않아야 한다. 앞에서 예를 들었던 폐실간허의 선천 체질에 의한 시력 감퇴의 병이 발생했을 경우에, 지나치게 간만을 보補하면 후천의 간실비허의 증상이 나타나거나, 간실비허에 의한 질병이 악화될 수 있기 때문이다. 따라서 반대의 질병에 영향을 주지 않도록 해야 한다.

양생법도 또한 마찬가지다. 먼저 질병이 나타났을 경우에는 그 질병을 중심으로 양생한다. 특별한 질병이 없을 경우에는 남자는 65세 여자는 50세를 기점으로 한다. 그 이전에는 후천 체질에 맞추고, 그 이후에는 선천 체질에 맞춰서 양생한다.

간실비허 체질

간실비허는 담허위실이다. 후천 체질인 왼쪽으로는 나타날 경우에는 강하게 나타나고, 심실폐허 소장허대장실증이 나타날 수도 있다. 선천 체질인 오른쪽으로 나타날 경우에는 약하게 나타나고, 신실방광허증이 나타날 수도 있다.

【질병】

성격은 간실담허로 인해 적극적이고, 화를 잘 낸다. 반면에 결단력이 부족하고, 비허로 인해 생각이 너무 많다.

질병으로는 간실담허에 의한 신경성 질환, 신경과민, 불면증, 분노, 어지러움, 간염, 간경화, 쥐나는 것, 팔다리가 저리는 것, 눈 충혈, 안구 건조증, 눈이 안 보이는 것, 알코올 중독, 상기, 구안와사, 척추측만, 디스크, 황달, 신경쇠약, 결단력 부족 등이 나타날 수 있다.

또한 비허위실에 의한 식욕부진, 소화불량, 복통, 모든 위장병, 위십이지장 궤양, 위산과다, 설사, 식중독, 수족냉증, 두드러기, 유즙부족, 살이 빠지는 것, 신경과민, 임신구토 등이 있을 수 있다.

【양생법】

간실은 오행으로는 목木이고, 장부는 간과 담[쓸개]이고, 오기五氣는 풍[바람]이다. 풍목風木의 성질은 성장하고, 뚫고 올라가고, 발설한다.

이러한 목기가 왕성하기 때문에, 마음을 온화하게 갖고, 화를 내지 말아야 한다. 또한 비허에는 지나치게 생각을 많이 하는 것도 바람직하지 않다.

간실은 양기가 오르기 때문에, 오래 누워 있지 말아야 하고, 걷거나 적절한 운동을 해야 한다. 특히 비허는 앉아 있는 것이 좋지 않으므로 식사 전후에는 반드시 산책을 하며 배를 문지른다.

간실이므로 간 기능을 안정시키고, 간에 의해 억제되는 비장의 기능을 도와야 한다. 그래서 간으로 들어가는 신맛의 음식을 줄이고, 폐로 들어가는 매운맛의 음식으로 간의 기운을 억누르고, 단맛의 음식으로 비장을 도와야 한다. 「소문」에는 '간은 급한 것을 싫어하므로 단것을 복용하여 완화시켜야 한다.'고 하였다.

간으로 들어가는 닭고기를 많이 먹는 것은 좋지 않다. 반면에 비장으로 들어가는 찹쌀, 조, 쇠고기, 유제품 등은 좋다.

간실비허의 쑥뜸양생은 남자는 기해, 여자는 관원을 중심으로 한다. 간실비허의 질병에는 중완과 병이 난 쪽의 족삼리와 곡지를 첨가한다. 침 치료는 병이 난 쪽에 오행침으로 간승격, 담정격, 위승격 등을 쓴다.

심실폐허 체질

심실폐허는 소장허대장실이다. 후천 체질로 왼쪽으로 나타날 경우에는 강하게 나타나고, 간실비허 담허위실증이 나타날 수도 있다. 선천 체질인 오른쪽으로 나타날 경우에는 약하게 나타나고, 비실위허증이 나타날 수도 있다.

【질병】

성격은 심실로 인해 솔직하고, 명랑하다. 반면에 성격이 급하여 화를 내거나 주책없이 웃기도 한다.

질병으로는 심실소장허에 의한 심통, 고혈압, 동맥경화, 심장판막증, 부정맥, 심내막염, 신경과민 등이 있을 수 있다.

또한 폐허대장실에 의한 피부 건조, 피부병, 연주창, 코피, 늑막염, 폐결핵, 마른기침, 갑상선종대, 언어쇠약, 비듬, 견갑통, 대장질환, 변비, 설사 등이 있을 수 있다.

【양생법】

심실은 오행으로는 화火이고, 장부로는 심장과 소장이고, 오기로는 열[뜨거움]이다. 열화熱火의 성질은 타오르고, 발산하고, 소모한다.

이러한 심장의 기운이 항진되기 때문에, 너무 웃거나 화를 내지 말고, 마음을 너무 드러내지 말고 감추는 듯 해야 한다.

심실은 양기가 왕성하기 때문에, 너무 오래 누워 있거나 앉아 있지 말아야 한다. 특히 이 체질은 폐허이기 때문에 오래 누워 있어서는 안 된다. 알맞게 걷거나 육체노동을 해서 호흡을 많이 하는 것이 좋다.

심실이므로 심장을 안정시키고, 심장에 의해 억제되는 폐의 기능을 도와야 한다. 그래서 심장으로 들어가는 쓴맛의 음식을 줄이고, 신장으로 들어가는 짠맛의 음식으로 심장의 기운을 억누르고, 매운맛의 음식으로 폐를 도와야 한다. 이러한 심실에는 열성인 양고기나 염소고기를 많이 먹는 것은 좋지 않다. 반면에 쌀, 보리, 콩, 녹두, 돼지고기, 개고기 등은 보편적으로 좋다.

심실폐허의 쑥뜸양생은 기해를 중심으로 한다. 심실폐허의 질병에는 병이 난 쪽의 족삼리와 곡지를 첨가한다. 침 치료는 병이 난 쪽에 오행침으로 폐정격, 신정격, 대장승격 등을 쓴다.

비실신허 체질

비실신허는 위허방광실이다. 후천 체질로 왼쪽으로 나타날 경우에는 심실소장허증이 나타날 수도 있고, 선천 체질인 오른쪽으로 나타날 경우에는 폐실대장허증이 나타날 수도 있다.

【질병】

성격은 비실로 인해 중립적이고, 변함이 없다. 반면에 생각이 없어 답답하고, 무능하게 느껴지기도 한다.

질병으로는 비실위허에 의한 비만, 대식가, 신경 우둔, 정신혼몽, 췌장염, 종기, 습진, 치육염, 사지가 무거운 것 등이 있을 수 있다.

또한 신허방광실에 의한 요통, 후두통, 원형탈모증, 정력감퇴, 발열질환, 신결핵, 중이염, 난청, 비염, 방광염, 임질, 요도염, 소변이상, 불감증, 자궁근종, 골수병 등이 있을 수 있다.

【양생법】

비실은 오행으로는 토土이고, 장부는 비장과 위장이고, 오기로는 습[습기]이다. 습토濕土의 성질은 조화롭고, 수납受納하고, 끈끈하여 엉긴다.

이러한 비장의 기능이 항진되기 때문에, 마음은 여유로우나 너무 헤이해지기 쉽다. 의지를 갖고 활기차게 생활하려고 해야 한다.

비실은 습에 의해서 기의 활동이 정체되어서 심신이 무겁고 권태롭다. 비실은 식곤증이 있기 때문에 식사 후에는 눕거나 앉아있지 말아야 한다. 평소에는 노동이나 운동을 알맞게 하여 기혈이 적체되지 않게 해야 하고, 알맞게 땀을 내야 한다. 그러나 신장이 나쁘기 때문에 무거운 것을 많이 들어서는 안 된다.

비실이므로 비장을 안정시키고, 비장에 의해서 억제되는 신장의 기능을 도와야 한다. 그래서 비장으로 들어가는 단맛의 음식을 줄이고, 간으로 들어가는 신맛의 음식으로 비장의 기운을 억누르고, 짠맛의 음식으로 신장을 도와야 한다. 이러한 비실에는 쇠고기와 유제품 그리고 열성인 양고기나 염소고기를 많이 먹는 것은 좋지 않다. 반면에 보리, 콩, 녹두, 닭고기 등은 보편적으로 좋다. 비실체질은 식욕이 지나치게 왕성하다. 그러나 이 체질은 기가 적체됨으로 음식을 많이 먹는 것은 좋지 않다.

비실신허의 쑥뜸양생은 신궐을 중심으로 한다. 비실신허의 질병에는 중완과 병이 난 쪽의 족삼리와 삼음교를 첨가한다. 침 치료는 병이 난 쪽에 오행침으로 비승격, 위정격, 신정격, 방광승격 등을 쓴다.

폐실간허 체질

폐실간허는 대장허담실이다. 후천 체질로 왼쪽으로 나타날 경우에는 약하게 나타나고, 비실위허증이 나타날 수도 있다. 선천 체질인 오른쪽으로 나타날 경우에는 강하게 나타나고, 신실심허 방광허소장실증이 나타날 수도 있다.

【질병】

성격은 폐실담실로 인해 결단력이 있고, 믿음직하다. 반면에 근심이 많아 우울하고, 울기를 잘한다.

폐실대장허에 의한 심한 기침, 기관지염, 기관지천식, 폐렴, 인후염, 충농증, 협심증, 묽은 변, 치질, 악성 변비, 대장출혈, 맹장염 등이 있을 수 있다.

또한 간허담실에 의한 근무력, 빈혈, 백내장, 시력 감퇴, 신경통, 삼차신경통, 견갑통, 늑간신경통, 좌골신경통, 관절염, 담석통, 다면증 등이 있을 수 있다.

【양생법】

폐실은 오행으로는 금이고, 장부는 폐와 대장이고, 오기로는 조[건조]이다. 조금燥金의 성질은 수렴하고, 내려가고, 맑으나 강경하다.

이러한 폐의 기운이 항진되기 때문에, 처량한 마음을 갖지 말고, 세상을 달관한 듯이 살아야 한다.

폐실은 양기가 하강하므로 오래 걷거나 무리한 노동은 하지 말아야 하고, 비나 이슬을 맞아서는 안 된다. 간허이기 때문에 밤늦게 활동하거나 밤바람을 쏘여서도 안 된다.

폐실이므로 폐를 안정시키고, 폐에 의해서 억제되는 간의 기능을 도와야 한다. 그래서 폐로 들어가는 매운맛의 음식을 줄이고, 심장으로 들어가는 쓴맛의 음식으로 폐의 기운을 억누르고, 신맛의 음식으로 간을 도와야 한다. 폐실은 비린내가 많이 나는 생선과 속성이 찬 생야채나 생과일 그리고 찬 음식을 많이 먹는 것은 좋지 않다. 반면에, 수수, 팥, 참깨, 닭고기, 양고기, 염소고기 등은 보편적으로 좋다.

폐실간허의 쑥뜸양생은 관원을 중심으로 한다. 폐실간허의 질병에는 병이 난 쪽의 삼음교를 첨가한다. 침 치료는 병이 난 쪽에 오행침으로 폐승격, 담승격, 대장정격, 간정격 등을 쓴다.

신실심허 체질

신실심허는 방광허소장실이다. 후천 체질로 왼쪽으로 나타날 경우에는 약하게 나타나고, 간실담허증이 나타날 수도 있다. 선천 체질인 오른쪽으로 나타날 경우에는 강하게 나타나고, 폐실간허 대장허담실증이 나타날 수도 있다.

【질병】

성격은 신실에 의해 사고력이 뛰어나고, 침착하다. 반면에 심허로 인해 겁이 많고, 의심이 많고, 놀라기를 잘한다.

신실방광허에 의한 단백뇨, 신우염, 신장결석, 고환염, 요척통, 소변불통, 야뇨증, 생리불순, 생리통, 자궁염증, 불임, 자궁 위치 이상, 대하, 탈항, 구내염 등이 있을 수 있다.

또한 심허소장실에 의한 뒷목이 뻣뻣한 것, 꿈이 많은 것, 가슴이 항상 답답한 것, 냉증, 불안, 히스테리, 잘 놀라는 것, 언어장애, 저혈압, 하복통, 난시, 얼굴에 핏기가 없는 것, 류머티즘, 동상, 알레르기 등이 있을 수 있다.

【양생법】

신실은 오행으로는 수이고, 장부로는 신장과 방광이고, 오기로는 한(추위)이다. 한수寒水의 성질은 응축하고, 아래로 잠복하고, 안으로 닫아 감춘다.

이러한 신실의 기운이 항진되어 있기 때문에, 마음을 감추지 말고 활달하게 열어놓고, 즐겁게 생활해야 한다.

신실은 양기가 안에 잠복되어 있기 때문에 알맞게 운동이나 육체노동을 하여 땀을 조금 내는 것이 좋다. 땀을 조금 내는 것은 좋으나, 사우나나 뜨거운 물로 자주 목욕을 하는 것은 좋지 않다.

신실은 신장을 안정시키고, 신장에 의해서 억제되는 심장의 기능을 도와야 한다. 그래서 신장으로 들어가는 짠맛의 음식을 줄이고, 비장으로 들어가는 단맛의 음식으로 신장의 기운을 억누르고, 쓴맛의 음식으로 심장을 도와야 한다. 신실에는 신장으로 들어가는 돼지고기와 속성이 찬 생야채나 과일을 많이 먹는 것은 좋지 않다. 반면에 찹쌀, 조, 기장, 수수, 팥, 쇠고기, 유제품, 양고기, 염소고기 등은 보편적으로 좋다.

신실심허의 쑥뜸양생은 관원을 중심으로 한다. 신실심허의 질병에는 신궐과 병이 난 쪽의 삼음교를 첨가한다. 침 치료는 병이 난 쪽에 오행침으로 방광정격, 심정격, 소장승격, 위승격 등을 쓴다.

한의학에 근거한 **양생법**

2019년 1월 20일 초판 1쇄 발행
2024년 3월 28일 초판 8쇄 발행

지은이   이태영
펴낸이   정창진
펴낸곳   도서출판 여래
출판등록   제2022-000003호
주소   서울시 종로구 인사동11길 16, 403호.(관훈동)
전화번호   (02)871-0213
전송   0504-170-3297

ISBN   979-11-86189-88-7 03150
Email   yoerai@hanmail.net
blog   naver.com/yoerai

값은 뒤표지에 있습니다.

※ 이 도서의 국립중앙도서관 출판예정도서목록(CIP)은 서지정보유통지원시스템 홈페이지
   (http://seoji.nl.go.kr)와 국가자료공동목록시스템(http://www.nl.go.kr/kolisnet)에서 이용하실 수
   있습니다. (CIP제어번호 : CIP2018042446)